LES LOIS FONDAMENTALES DE LA THÉOSOPHIE

CONFÉRENCES D'ADYAR 1910 - ÉDITION EN GRANDS CARACTÈRES

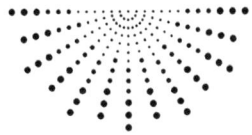

ANNIE BESSANT

Traduction par
GASTON REVEL

ALICIA ÉDITIONS

TABLE DES MATIÈRES

Avant-propos — 5

QU'EST-CE QUE LA THÉOSOPHIE ? — 7
L'ÉCHELLE DES VIES — 29

LA RÉINCARNATION : SA NÉCESSITÉ — 55
1°. La Réincarnation est logique. — 63
2°. L'idée de réincarnation est scientifiquement nécessaire. — 73
3°. L'idée de réincarnation est moralement nécessaire. — 79

LA RÉINCARNATION : COMMENT ELLE RÉPOND AUX PROBLÈMES DE LA VIE — 88

LA LOI DE L'ACTION ET DE LA RÉACTION — 122
I — La pensée édifie le caractère. — 131
II — Le désir amène le penseur en contact avec l'objet désiré. — 136
III — Le bonheur ou la misère que vous aurez en partage dépendent du bonheur et de la misère que vous aurez donnés à autrui. — 140

LA VIE DE L'HOMME DANS LES TROIS MONDES — 158

Ces six conférences furent données au quartier général d'Adyar, avec l'intention d'esquisser simplement les idées fondamentales de la Sagesse à un public intellectuel encore non instruit de ces conceptions. Voici maintenant ces conférences publiées avec l'espoir qu'elles atteindront pareil public sur toute la surface du globe et qu'elles seront d'un certain secours en semant les vérités qui assureront un rapide progrès de l'esprit humain.

Seule, la Théosophie est en mesure d'enrayer cette course à l'abîme vers lequel se précipite l'Occident et, déjà, la Théosophie semble avoir remporté quelques succès dans sa mission bénéficiente ; elle conduit les jeunes nations aryennes à la source de l'antique Sagesse aryenne.

Ce petit livre jalonne simplement le sentier qui mène à la Sagesse ; chacun doit gravir ce sentier, nul ne saurait se substituer à aucun de nous pour cette ascension.

Annie BESANT.
Adyar, mai 1910.

QU'EST-CE QUE LA THÉOSOPHIE ?

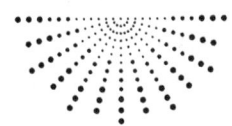

La Théosophie a, ces temps derniers, été un grand sujet de préoccupation ; aussi, ai-je voulu mettre à profit mon séjour parmi vous en vous donnant une série de conférences dans lesquelles je vous esquisserai les grandes lignes et les enseignements de ce sujet aujourd'hui si discuté : la Théosophie. Je ferai en sorte, que, même sans étude spéciale, chacun de vous sera capable, je l'espère, d'en comprendre l'idée directrice et le but. Telle sera notre tâche durant les cinq semaines qui vont suivre. Je m'efforcerai d'exposer clairement cette question, évitant autant que possible les termes trop spéciaux, afin qu'elle soit saisie facilement par toute personne d'une intelligence et d'une éducation moyennes.

Je ne prétends pas que la Théosophie puisse être, sous tous ses aspects, mise à la portée des gens sans instruction ou sans éducation qui n'ont pas l'habitude de réfléchir ; mais ceux qui possèdent une intelligence et une culture ordinaires, ceux qui sont accoutumés à appliquer leur pensée aux affaires courantes de la vie, n'ont besoin de rien de plus que d'une attention soutenue et d'une facilité de compréhension ne dépassant pas la moyenne, pour avoir une vue d'ensemble de ces grands enseignements et des points qui s'y rattachent. Certains de ces enseignements sont si simples que même le moins instruit peut en tirer une ligne de conduite ; mais l'enchaînement qui les relie les uns aux autres, la vie qui forme une vaste synthèse du tout, sont des conceptions plus difficiles dont la compréhension nécessite un certain niveau intellectuel.

La Théosophie, sous sa forme actuelle, est apparue en l'année 1875, mais, en elle-même, elle est aussi ancienne que l'humanité civilisée et pensante. Elle fut connue dans le monde sous bien des noms, dans les différentes langues du genre humain, mais, malgré leur diversité, ces noms ont toujours eu la même signification.

La Théosophie fut de nouveau proclamée de nos jours pour contrebalancer les progrès rapides et inquiétants du matérialisme dans les nations qui marchent en tête de la civilisation.

À mesure que la science étendait le champ de ses

connaissances, elle s'engageait de plus en plus dans la voie matérialiste ; l'agnosticisme devenait la principale caractéristique de l'homme de science. À cette période critique, et grâce à la mentalité spéciale de l'Occident, l'idée se répandait que si l'homme peut connaître, dans le monde extérieur, tout ce qui est observable par les sens, tout ce que sa raison peut déduire de ces observations ou édifier sur elles comme bases, par contre, il n'existe aucun instrument qui soit à sa disposition pour l'acquisition d'autres connaissances ; aucun autre moyen n'existe, pour l'homme, d'entrer en contact plus intime avec l'univers qui l'entoure. Par suite, impossibilité d'apprendre quoi que ce soit de l'éternel et profond problème de la vie, de l'origine ou du but de cette vie, ni rien du sens profond des mots : Dieu, Immortalité, Âme.

Cet état d'esprit se propageait aussi en Orient, dans les régions soumises à l'influence européenne, et menaçait de se répandre dans le monde entier. C'est alors que les grands gardiens de l'Humanité jugèrent sage de proclamer l'antique vérité sous une forme nouvelle adaptée aux idées et aux tendances modernes.

L'une après l'autre, les religions du passé furent révélées afin de répondre aux nécessités que devait amener le développement ultérieur des peuples ; de même, ce qui est la base de toutes les religions, a été de nouveau proclamé ; sans que nul soit privé des bienfaits qui résultent de la foi individuelle, des croyances particulières, il fut donné à entendre que toutes les religions professent les mêmes vérités et que toutes sont les rameaux issus d'un arbre unique. Il était devenu urgent de présenter au monde actuel la Religion car la Science, de son côté, exprimait le même désir mais dans un esprit différent et en vue d'un but tout autre, son opinion consistant à reléguer toutes les manifestations religieuses, sans distinction, dans ce qu'on nomme : *La Mythologie comparée*. L'examen attentif du passé, de ses ruines, de ses vestiges ; les recherches des antiquaires et des archéologues ; l'étude des littératures des civilisations disparues ; les résultats des fouilles et les savantes traductions des inscriptions antiques, tout concourait à prouver, sans conteste et sans discussion possible, que les doctrines fondamentales de toutes les religions sont identiques et que, à degré égal de civilisation, leurs codes de morale sont les mêmes, que les vies de leurs Fondateurs présentent entre elles d'étroites concordances, que même les cérémonies extérieures, formes, rites, fonctions sacerdotales, tout en différant par les détails d'organisation, révèlent une frappante similitude d'idées. Et il arriva que les adversaires de la Religion se servirent de cette étroite similitude pour combattre les religions et les discréditer, affirmant qu'elles sont des produits de l'ignorance et que, en dépit des formes supérieures dont elles peuvent se revêtir avec le temps, l'accroissement des connaissances humaines les voue à une mort certaine.

Telle était l'attitude du monde occidental lorsque fut de nouveau proclamée l'antique Sagesse.

Le champ d'action de la Théosophie se trouvant d'abord en Amérique et en Europe, il fut naturel d'emprunter à la pensée grecque un mot qui exprimait les idées de l'Antiquité. Or, quelque temps après le Christ, les écoles néoplatoniciennes avaient employé le mot : *Théosophia* ou Sagesse Divine ; depuis, ce terme réapparait successivement dans toutes les écoles de philosophie ; en Europe, tous les mystiques le reprennent, si bien que, de nos jours, il comporte, dans la pensée européenne, une certaine signification grâce à laquelle quiconque est versé dans les questions religieuses ou philosophiques, peut, dès l'abord, saisir ce qu'est la Théosophie ; revêtue de ce terme ancien elle se dévoile à l'esprit humain dans toute sa portée.

Si nous envisageons un passé plus lointain encore, au-delà de l'ère chrétienne, nous retrouvons ce même terme, non plus sans doute : *Théosophia*, mais le mot sanscrit *Brahmavidyâ*. Comme *Brahma* signifie : Dieu et *vidya* : Sagesse, nous reconstituons ainsi le terme : SAGESSE DIVINE que nous pourrions encore retrouver sous d'autres formes telle que : *Parâvidya*, la Sagesse suprême.

Un grand Instructeur s'entendit un jour demander, par l'un de ses disciples, ce en quoi consiste la connaissance ; et il répondit qu'il existe deux sortes de connaissance, la supérieure et l'inférieure. Tout ce qui peut être enseigné d'homme à homme, science, art, littérature, Écritures sacrées, voire même encore les Védas, tout cela peut se classer dans la connaissance inférieure ; et le maître ajouta que la connaissance de *l'Un*, de Celui d'où tout procède, telle est la connaissance suprême et supérieure. Voilà ce qu'est la Théosophie : « C'est la connaissance de Dieu, source de la Vie éternelle. »

Contre l'assertion des gens de science d'après lesquels toutes les religions dérivent de l'ignorance humaine, une autre assertion déclara triomphalement qu'au contraire les religions émanent de la connaissance divine et non de l'ignorance des hommes. Toutes, sont les voies que suivit l'humanité dans sa recherche de Dieu.

Qu'est-ce que la Religion ?

La Religion est l'aspiration constante de l'Esprit humain vers le Divin, de l'homme vers Dieu. Les religions ne sont que des méthodes appropriées à cette aspiration.

Feuilletez au hasard le livre de l'Histoire, prenez une civilisation ou un peuple quelconque, explorez les confins de l'Occident ou les confins de l'Orient, arrêtez-vous en n'importe quel lieu ! Partout, vous observerez cette soif toujours ardente de l'homme pour Dieu. C'est là un cri persistant qui ne cesse de retentir sur les lèvres de l'humanité et qui fut proféré avec justesse par le poète hébreu : « Ainsi que le cerf aspire après les sources d'eau claire, de même mon âme aspire à toi, ô Dieu ! » Giordano Bruno employa une image analogue lorsqu'il compare la recherche de Dieu à l'effort de l'eau qui tente sans cesse de reprendre son niveau normal. De même que l'eau tend toujours à reprendre le niveau de sa source, de même le Divin dans l'homme s'efforce de s'élever à la Divinité d'où il émane.

Mais si vous voulez *savoir*, – non pas seulement espérer, aspirer, croire, – mais savoir, avec une fermeté de conviction que rien ne saura jamais ébranler, cherchez alors le Divin, non hors de vous, mais en vous-même. Ne vous adressez pas à l'homme de science, car celui-ci ne trouvera rien à vous dire sinon qu'il existe, dans la nature, une loi qui ne change jamais. Ne vous adressez pas au théologien qui ne vous offrira que des arguments au lieu d'une conviction. Ne vous adressez pas à l'artiste ; bien qu'il puisse vous faire approcher de la vérité, il ne vous parlera cependant que de la Beauté qui est celle de Dieu, et ce n'est pas là tout. Ne vous adressez pas au philosophe qui ne vous donnera que des abstractions. Tournez-vous vers l'intérieur et non vers l'extérieur ; plongez hardiment dans les profondeurs de votre être ; cherchez dans la chambre de votre cœur le mystère qui s'y trouve enseveli, mystère qui, en vérité, vaut la peine d'être découvert, et là, là seulement, vous Le trouverez, Lui, Dieu ! Mais lorsque vous L'aurez découvert en votre cœur, vous vous apercevrez que toute chose dans l'univers chante son nom et sa gloire. Mais trouvez-le d'abord en vous-même et vous le verrez ensuite partout.

C'est là une vérité fondamentale, vérité des vérités. C'est là la Sagesse divine que nous appelons : Théosophie ; c'est là la nouvelle proclamation, dans le monde moderne, de la plus ancienne et de la plus importante de toutes les réalités.

La Théosophie nous enseigne deux autres grandes doctrines fondamentales :

La première implique l'immanence de Dieu. Dieu est partout et dans toute chose. C'est là une vérité que vous pouvez retrouver dans les anciennes Écritures, bien qu'aujourd'hui elle soit oubliée en Occident et paraisse, à bien des personnes, comme une idée nouvelle étrange, et étrangère, alors même qu'elle est encore prêchée dans les chaires chrétiennes. Vous la rencontrerez dans toutes les grandes Écritures. Ouvrez par exemple la Bhagavad-Gita qui nous est si familière et si chère :

« Rien de ce qui est mobile ou immobile ne peut exister sans moi. »

— X. 39.

Et vous y lisez encore :

« Ayant édifié cet univers avec une partie de moi-même, je demeure. »

— X. 42.

Abandonnant à présent les anciennes écritures pour nous tourner vers les aspirations de la pensée moderne, nous trouvons que le même espoir est caressé. Voyez, par exemple, Tennyson en appelant au Divin en lui pour s'unir à l'Esprit Divin car "le Divin peut s'unir au Divin" et Tennyson affirme :

« Il est plus près de moi que mon souffle,
  Que mes mains, que mes pieds. »

Dieu est partout, Dieu est dans toutes les formes. Toute pensée, toute conscience c'est toujours Lui, car il est l'Un, l'Unique, la Vie éternelle. Il est en nous et c'est là ce qui fait que nous tous sommes immortels, que notre vie est éternelle. Immortels ? Non pas ! Qu'est-ce en effet que l'Immortalité sinon le temps sans fin, une succession d'instants, de périodes. L'homme est plus qu'immortel ou durable car ce qui commence en un temps donné doit finir en un temps déterminé. *L'homme est éternel*. Là git la garantie, la certitude d'un progrès sans fin. L'homme est aussi éternel que Dieu lui-même.

« Il n'est pas né, ne connait pas la mort ; il n'a pas été et ne cessera pas d'être. »
« Sans naissance, sans fin, éternelle, antique, l'âme n'est pas tuée quand on tue le corps. »

— *BHAGAVAD-GITA*, II, 20.

La mort ne signifie pas autre chose que le rejet d'un vêtement qu'on abandonne pour un autre, lorsque besoin en est. *Puisque Dieu vit, l'homme ne peut mourir.*

La seconde grande doctrine fondamentale se rattache intimement à la première et ne peut absolument pas s'en séparer ; il s'agit de la *Solidarité* qui existe entre tous les êtres, entre tout ce qui est. S'il y a une Vie, une conscience, si Dieu est dans toutes les formes, toutes ces formes sont conséquemment étroitement solidaires les unes des autres. Tel est le corolaire obligé de l'immanence de Dieu : c'est la Solidarité, c'est la *Fraternité Universelle.* Si Dieu est immanent en toutes choses, il est omniprésent et le mal fait par l'un réagit sur tout et' sur tous. Partout où est une vie, partout où il y a une forme, Dieu est. Rien ne peut être séparé, arraché de cette vaste *Solidarité* entre tout ce qui est, et cette solidarité, cette vie commune à tous constitue la base même de la Morale. Toutes les choses doivent vivre dans un univers où la vie est omniprésente et immanente. Comme l'immanence de Dieu est la base de la Religion et justifie l'aspiration de l'homme vers Dieu, il en résulte que le corolaire de cette Loi : la Solidarité Universelle, l'Unité de vie et de conscience, doit être la base de la Morale. Vous ne pouvez porter atteinte à l'un de vos frères sans porter atteinte à vous-même, pas plus que vous ne pouvez prendre entre vos lèvres un poison sans répandre ce poison dans votre sang, dans les tissus, jusqu'à ce qu'il circule dans votre corps tout entier qu'il intoxique alors complètement. C'est ainsi que toute mauvaise pensée ou que toute action répréhensible de l'un réagit sur la Fraternité tout entière sans que vous puissiez même voir la fin de cette vaste réaction.

Ce sont ces deux grandes doctrines fondamentales qui constituent les bases de la Religion et de la Morale, et ce sont ces deux grandes doctrines que la Théosophie proclame.

J'ai dit encore que les différentes religions sont des méthodes, méthodes à l'aide desquelles l'homme poursuit sa recherche de Dieu et voici ce qui justifie la nécessité de ces différentes religions. Une méthode convient à une personne, une autre à une autre. Nous avons affaire à des tempéraments nombreux et distincts, à des esprits différents, et par conséquent à des besoins différents. Au surplus, nous sommes à des stades divers sur l'échelle de l'évolution. Il y a parmi nous des ainés et des cadets ; nous ne nous ressemblons pas. La vérité est partout la même, mais il y a des centaines de façons de l'exprimer, et cependant le tout n'est jamais parfaitement exprimé. Toutes ces façons, ces méthodes, devraient être respectées par ceux qui se rendent compte de la réalité des deux vérités fondamentales ; et chacun devrait suivre le chemin qui lui convient le mieux sans s'exposer au blâme. En outre, nous ne pouvons prétendre à la disparition de l'une quelconque des religions dans le monde, celles du présent comme celles du passé, car chaque religion possède une caractéristique spéciale de perfection et l'homme parfait, pour justifier ce titre, devra acquérir les perfections inhérentes à chacune des religions.

Nous n'avons pas à regretter la variété ; il faut plutôt nous réjouir de ce que la Vérité est si riche, si grande, qu'elle peut être vue et décrite sous différents aspects, chaque aspect étant lui-même parfait. Toute religion apporte son message à l'humanité, et chacune d'elles a quelque chose à donner.

La Théosophie vient donc dans le monde en messagère de paix. Pourquoi nous querellerions-nous ? Dieu est le centre, et d'un point quelconque de la circonférence, vous pouvez diriger vos pas vers Lui. Dans cette marche en avant chacun de nous prendra une direction différente de celle du voisin pour atteindre au but, selon le point duquel il part. De même en est-il avec les diverses religions ; toutes sont des chemins vers Dieu,

Si vous désirez aller à Madras, vous pouvez venir de l'un des quatre points cardinaux et vous aurez employé des directions différentes pour vous rencontrer dans le même lieu.

L'une des plus anciennes religions a dit :

> « L'humanité vient à moi par des routes nombreuses, et quelle que soit la route par laquelle un homme m'arrive, je lui souhaite la bienvenue, car tous les sentiers sont miens. »

La plus jeune des religions a dit de son côté :

« Nous ne faisons aucune différence entre les prophètes. »

Et elle a dit encore :

« Les chemins qui mènent à Dieu sont aussi nombreux que les respirations des enfants des hommes. »

Tous les hommes ne se ressemblent pas. Ce qui pour l'un est nourriture et satisfait sa faim, n'est pas même un stimulant pour d'autres. Laissez prendre à chacun le Pain de Vie sous le nom et la forme qui lui plaisent le mieux. Des amphores de bien des formes puisent l'eau à la rivière, mais l'eau qui les remplit est la même, bien qu'elle prenne la forme du vase qui la contient. Laissez chacun boire l'eau spirituelle avec l'amphore qu'il préfère et qui, en ce cas, symbolise sa croyance. L'un peut la boire en empruntant la gracieuse amphore grecque ; l'autre avec celle aux lignes plus sévères des Égyptiens ; l'un peut se servir de la coupe d'or ciselé d'un empereur, l'autre du creux de la main d'un mendiant ; qu'importe ! Aussi longtemps que la gorge altérée se trouvera rafraichie par le vivifiant courant. Pourquoi entrerions-nous en lutte, au sujet de la forme et de la matière du Vase, alors que l'Eau de la Vie est la même dans tous ?

Telle est donc la position que la Théosophie occupe dans le monde religieux : elle avance que toutes les religions sont bonnes en elles-mêmes et que nous avons à apprendre de chacune d'elles, que nous devons nous servir des différences qui les distinguent les unes des autres pour enrichir nos propres conceptions, plutôt que de nous servir de ces différences dans un but combattif.

Ainsi donc, la Théosophie se présente non seulement comme base de la religion et de la morale, mais encore de la Philosophie de la Vie, car elle possède la connaissance de sujets sur lesquels nous nous étendrons les dimanches qui suivront, lorsque nous en viendrons à parler des grandes hiérarchies qui remplissent l'espace, des agents visibles et invisibles. Nous parlerons aussi des lois d'évolution et de réincarnation, ainsi que nous les appelons, et à l'aide desquelles le monde progresse ; nous étudierons la loi de causalité qui relie le tout, cette loi d'action et de réaction, ou simplement d'action (ainsi que nous la nommons ici), c'est-à-dire la loi du Karma, et nous arriverons enfin à parler des mondes dans lesquels l'homme vit, sème et récolte. Ce sont là les enseignements de la Théosophie sur la Philosophie de la Vie.

De plus, en ce qui concerne le Monde, elle envisage d'abord la Vie, puis, en second lieu, les Formes, car elle ne voit dans les Formes que les résultats d'expériences et de manifestations variées de la Vie,

Pensée, Vie, Sentiment, sont considérés par

quelques hommes de science comme les produits d'agrégats déterminés de matière ; pour nous ce sont les causes mêmes de ces agrégats.

La sagesse divine part d'un pôle opposé à celui duquel Haeckel fait partir ses théories scientifiques de l'évolution. L'éminent scientiste, Sir William Crookes, lorsqu'il occupait la chaire de la *British Association for the advancement of sciences,* que vingt-sept ans auparavant le professeur Tyndall occupait, affirma le contraire de ce qu'avait avancé son prédécesseur. Le professeur Tyndall avait assuré que nous devions apprendre à voir dans la matière la promesse et la puissance de toutes les formes de vie, tandis que sir William Crookes, déclara de son côté que nous devons voir la Vie comme étant ce qui façonne et donne une forme à la matière. C'est aussi ce que dit la Théosophie.

C'est par l'exercice seul des pouvoirs que lui confère la Vie, par la pensée, que l'homme peut devenir le maître de sa destinée ; et ainsi, au lieu d'être comme un simple fétu de paille que le courant du temps emporte, balloté çà et là par le remous, il peut devenir son propre maître, « conquérir la nature par la soumission » et, par la connaissance, se servir de la nature dont il avait été l'esclave. La Théosophie donc, au point de vue philosophique, est idéaliste, car elle voit dans la matière un instrument pour la Vie, dans la pensée, un pouvoir créateur.

Envisageant maintenant un autre grand département de la pensée humaine, la Science, nous voyons que celle-ci observe des faits, qui, lorsqu'ils sont classés, permettent des déductions d'où l'on tire des lois. Du chaos de phénomènes, elle reconstitue le cosmos dans un ordre logique. La différence principale qui existe entre la science théosophique et la science moderne réside en ce que cette dernière ne s'occupe que de fragments du tout ; elle ne tient compte que des phénomènes physiques de ce monde et d'autres faits qui viennent à notre connaissance par l'intermédiaire du cerveau et des sens ; c'est pourquoi, ses conclusions sont parfois erronées. Dans ses opérations, la science fait usage des sens qu'elle amplifie dans une certaine mesure, avec le secours des appareils les plus délicats ; mais, lorsqu'elle se trouve en présence d'un phénomène psychique, elle hésite à passer au-delà de ce qui se manifeste dans le cerveau, pour expliquer même le sommeil et les manifestations connues sous le nom de « transes ».

Quelques-uns, comme Sir William Crookes, croient à l'existence d'une conscience plus grande, autre que celle qui s'exerce à l'aide du cerveau ; sir Oliver Lodge a été jusqu'à dire que la conscience de l'homme est semblable à un vaisseau toutes voiles dehors sur l'océan, la conscience normale cérébrale étant à la conscience totale ce que la partie submergée de la coque est au reste du vaisseau. Mais ce n'est pas là la science orthodoxe ; pourtant une nouvelle méthode doit être adoptée si l'on désire quelque progrès. Bien que la science suive la bonne voie, beaucoup des phénomènes qu'elle étudie aujourd'hui sont trop subtils pour une observation par les sens normaux ou par des appareils, si délicats que soient ceux-ci. Le crédit dont jouit la science officielle s'oppose à une plus grande largeur de vue ; elle ne chasserait pas tout à fait de ses rangs un Sir William Crookes, si hétérodoxes que soient pour elle les opinions de ce dernier, mais elle considère avec quelque effroi des recherches qu'elle n'a pas coutume de poursuivre. Sa position actuelle est à peu près celle de ce botaniste qui, en étudiant une plante de lotus dans un lac, se contentait de dessiner et de compter soigneusement les pointes des feuilles qui apparaissaient au-dessus de l'eau, sans s'occuper de la plante, des tiges et des racines qui se trouvaient en dessous.

La science théosophique considère l'univers tout entier comme une manifestation de la pensée dans tous les états de matière. La science occulte affirme l'existence d'états de matière de plus en plus élevés, matière beaucoup plus subtile que l'éther de la science orthodoxe. Ces différents états de matière s'interpénètrent et constituent ce vaste univers qui, dans ce sens, est matériel et peut être observé, étudié et compris.

L'homme n'est pas le moins du monde limité au monde physique. La Théosophie affirme que l'humanité a atteint un point tel, dans son évolution, que beaucoup de ses enfants peuvent développer, et développeront toujours davantage, des sens nouveaux qui leur permettront d'étudier les phénomènes d'une matière beaucoup plus subtile que la nôtre et de découvrir ainsi des lois encore cachées. Les facultés de l'intelligence, de perception, ne s'exerceront pas seulement à l'aide des cinq sens normaux actuels, mais encore par d'autres plus aigus, plus subtils, plus sensibles. Grâce à eux, la science pourra étendre le champ de ses recherches, tout en continuant à faire usage de ses propres méthodes d'observation et de raisonnement, mais son domaine sera beaucoup plus large et elle aboutira ainsi à des conclusions d'une portée plus haute.

Les observations déjà faites, grâce à l'usage de ces sens plus subtils, par ceux qui les ont déjà développés, peuvent ne pas être acceptées comme vraies, mais peuvent être considérées comme des hypothèses encore non vérifiées, dignes d'étude et d'expériences. Toute science a ses spécialistes et ses méthodes de travail. Si l'on priait un astronome de vous enseigner sa science, il vous dirait : « Connaissez-vous les mathématiques ? » et si le candidat répondait négativement, l'astronome lui conseillerait l'étude des mathématiques comme devant précéder celle de l'astronomie. Un homme peut naviguer en se servant des livres spéciaux à la navigation, des tables de logarithmes, alors même qu'il est incapable de les faire lui-même ; mais en ce cas il ne peut pas *savoir* dans le sens absolu du mot, il a simplement confiance en des choses qu'il croit probables.

De même en est-il avec *nos* résultats : seuls peuvent les vérifier ceux qui se sont adonnés aux études préparatoires ; mais on peut utiliser ces résultats comme des points de repère pour les recherches individuelles. Pour l'étude de toute science, un étudiant doit être qualifié ; il doit disposer du temps et des capacités nécessaires, s'il veut savoir par lui-même ; au cas contraire, il doit se contenter de ce que d'autres, qui ont étudié et savent, lui diront. Toute science vous dit : « Vous pouvez savoir, connaître, si vous voulez prendre le temps suffisant, si vous voulez vous armer de patience et si vous avez les capacités innées ». Il y a des conditions en toutes choses : le botaniste doit avoir la faculté d'observation très développée ; le musicien doit avoir de l'oreille et un toucher délicat, etc… ; il en est ainsi avec la science occulte ; si vous voulez étudier sans risque les mondes plus subtils, cette science vous engage à purifier vos corps physique, astral et mental, car, pour des recherches d'un ordre supérieur, il vous faut des instruments d'une pureté absolue. Des lentilles sales, dans un télescope ou dans un microscope, rendront l'image confuse : de même les désirs et les pensées impures obscurcissent la vision de l'investigateur. L'homme impur ne peut vérifier, examiner ou pénétrer les mondes supérieurs en sécurité.

Telle est brièvement esquissée la Théosophie ou

ANNIE BESSANT

Divine Sagesse en ce qui concerne la Religion, la Philosophie et la Science. En chacun de ces domaines, elle a beaucoup à dire, beaucoup à apprendre en tant qu'idées nouvelles, vivantes, intelligibles ; elle les offre à tous ceux qui désirent avoir une compréhension plus nette d'eux-mêmes et de ce qui les entoure. En religion, elle donne les bases de la religion et de la morale ; en philosophie, elle donne une solution à ces énigmes de la vie qui ont toujours préoccupé les cerveaux et brisé les cœurs des hommes ; en science, elle montre de nouvelles voies par lesquelles s'obtiendra une connaissance nouvelle [1]. Elle rend la vie intelligible, elle explique les inégalités des conditions parmi les hommes et dans la société ; elle montre comment il sera possible de recueillir des faits nouveaux du sein de l'inépuisable nature.

Ainsi la Théosophie nous donne de grands principes sur la conduite à suivre, principes applicables à la vie humaine ; elle présente de grandioses idéals qui en appellent à la pensée et au sentiment et qui élèveront graduellement l'humanité au-dessus de la misère, de la douleur et de l'erreur ; car erreur, pauvreté, douleur, misère sont fruits de l'ignorance et *l'ignorance est la cause du mal*. Au-dessus de notre « mauvaise étoile » – attristante expression –, au-dessus des luttes de partis, des querelles de nations, des révolutions intestines, au-dessus de la misère des pauvres, du désespoir de l'homme sans travail et qui n'arrive pas à nourrir sa femme et ses enfants, au-dessus des sanglots des femmes au cœur brisé, des larmes des filles abandonnées, des pleurs des petits enfants sans aide, au-dessus de tout cela résonne la cloche du bonheur qui, pour si alarmante qu'elle puisse paraître, annonce que ce n'est pas la misère mais *le bonheur* qui est la destinée inévitable et naturelle de l'homme. La misère vient de l'ignorance ; la pauvreté vient de l'ignorance : ces conditions extérieures malheureuses sont transitoires et se dissiperont au fur et à mesure que notre savoir deviendra plus grand.

Votre « moi » intérieur n'est autre que l'âme éternelle dont la nature est Béatitude, car Dieu est béatitude et vous partagez sa nature divine. Les conditions extérieures dont vous souffrez seront modifiées par vous ; vous les asservirez et la misère disparaitra de votre vie lorsque vous aurez appris, grâce à elle, à vous élever de l'ignorance à la connaissance.

Nos misères sont celles que nous nous sommes faites et nous devons détruire ce que nous avons créé. Fils de Dieu que vous êtes, il vous est possible d'être les maîtres du monde inférieur, car le Divin peut se rendre maître de la matière. Béatitude et joie sont votre vie naturelle. Vous êtes nés dans le bonheur et ne plongez transitoirement dans la douleur que pour apprendre ce que la joie ne peut enseigner et pour retourner enfin au bonheur qui constitue pour vous un héritage inaliénable.

Telle est la proclamation joyeuse de tout messager de la Sagesse Divine.

Vos troubles, dont l'ignorance est la source, se dissiperont devant la Sagesse, car la joie fait partie de votre nature intime, vous venez d'elle, à elle vous retournerez.

---

1. Voir *Le Monde de Demain*, par Annie Besant (N.D.T.).

L'ÉCHELLE DES VIES

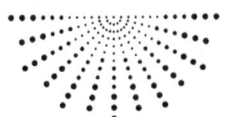

J'entreprendrai aujourd'hui l'étude du premier des trois domaines dont j'ai parlé la dernière fois et qui forment les trois grandes divisions que j'ai choisies pour vous mieux exposer ce grand sujet qu'est la Théosophie. J'appelle : « l'Échelle des Vies » la première de ces trois divisions principales et je me propose de parcourir avec vous ce que la Science appellerait : le système d'évolution. Au point de vue théosophique, ce système est beaucoup plus étendu, beaucoup plus complet qu'il ne l'est au point de vue de la science ordinaire d'Occident. Lorsque celle-ci observe un phénomène, elle ne part guère que du milieu de l'évolution ; aussi lui faut-il un motif qui explique suffisamment la possibilité de l'évolution, une raison qui justifie la méthode qu'elle emploie.

La Science occulte, beaucoup plus complète, embrasse toute la vaste série de transformations successives qui commencent avec la descente de l'Esprit dans la matière dont cet Esprit s'enrobe ; elle retrace l'évolution des formes qui s'effectue par degrés successifs, chaque degré étant toujours plus beau que celui qui l'a précédé, toujours plus complexe et plus parfait ; si bien que dans tout, la Vie involuée évolue. J'ai appelé ces différents stades, ces degrés, « l'Échelle des Vies ». Ces formes vivantes occupent, sur l'échelle, divers échelons à partir du minéral jusqu'au trône du Logos lui-même. C'est une véritable échelle de Jacob dont les pieds reposent dans le limon de la terre et dont le sommet se perd dans la gloire divine. Les hiérarchies de formes vivantes forment les barreaux de l'échelle, depuis la poussière jusqu'au plus puissant Archange ou Déva. L'une de ces hiérarchies, à un point déterminé de l'échelle, est humaine et nous étudierons plus tard la méthode qui nous permettra de nous élever.

Il est clair qu'en cette matière, comme pour toutes les autres sciences, il existe certaines grandes conceptions, des idées mères, importantes et fécondes. Ces dernières peuvent être dégagées de l'immense masse de détails se rattachant à ces idées mères qui, ainsi, peuvent être clairement présentées à l'esprit de quiconque ne demande pas mieux d'exercer une certaine dose de patience et d'attention. D'autre part, il existe une foule de détails qui complètent ces grandioses conceptions ; la maitrise de ces détails ne peut être obtenue que par le sacrifice d'une vie tout entière à une petite portion du tout. Le cas est absolument le même en ce qui concerne l'enseignement théosophique. Il y a certaines grandes conceptions, relatives à l'évolution, que je me propose de vous exposer cet après-midi.

J'espère que cet aperçu incitera quelques-uns d'entre vous à connaître davantage, et vous ne pourrez connaître davantage qu'en vous livrant individuellement à une étude particulière. Je ne vous donnerai qu'une esquisse que vous devez compléter par le travail en y ajoutant les détails qui rendent toutes les parties de l'esquisse intelligibles. Je ne prétends pas vous offrir, dans le cadre restreint d'une conférence, tous les détails dont le nombre est infini et la complexité presque infinie elle-même ; tout ce que je puis faire est d'essayer de vous présenter quelques grandes lignes qui pourront vous aider par la suite. Dans une conférence populaire, l'on ne peut que dégager les idées principales pour ne présenter à l'esprit des auditeurs que quelques conceptions clairement définies : aucune conférence ne peut remplacer l'étude. Ceux qui n'apprennent qu'en assistant à des conférences n'obtiennent jamais qu'une connaissance très superficielle sur un sujet donné. Seul un étudiant sérieux peut se rendre maître des difficultés de n'importe quel sujet par un effort soutenu. Ainsi donc, lorsque j'aurai terminé, vous n'aurez plus qu'à vous mettre au travail ; si vous trouvez nos idées intéressantes, ce qui est le cas pour plusieurs d'entre nous, vous devez alors entreprendre l'étude qui vous rendra ces idées beaucoup plus palpables.

Commençons par envisager ensemble une grande théorie sur la Matière de l'Univers, théorie du système solaire. Traçons par la pensée un cercle qui contient l'univers discursif, pour parler en logicien ; mon univers discursif représente notre propre système solaire, en dehors des limites duquel nous ne saurions passer. La nature et notre propre vie demeureront à jamais inintelligibles à moins que nous ne tenions compte de mondes autres que le monde physique, et les conceptions théosophiques sont, elles aussi, inintelligibles si nous essayons de les présenter comme étant limitées au seul monde physique dans lequel nous vivons. Ce monde physique est pénétré, et pour ainsi dire tissé avec la matière d'autres mondes, et c'est au milieu de cette trame que nous vivons. L'homme n'est pas l'habitant d'un monde seulement, mais, dans les premiers stades de son évolution, il est actif sur trois et passif sur d'autres, supérieurs.

Représentons-nous le système solaire comme une sphère, comme un œuf, large portion circonscrite de l'espace, remplie au commencement (avant que les planètes n'apparaissent), d'une matière homogène et ténue, homogène pour nous dont les pouvoirs de perception sont limités, matière interstellaire, la matière de l'espace. C'est dans ce grand cercle symbolisant le système solaire que le pouvoir créateur, préservateur et régénérateur de Dieu doit faire évoluer ses enfants, depuis l'état de poussière jusqu'à la divinité. C'est dans ce cercle que se trouve notre échelle des vies, qu'en pensée, et dans un certain sens, nous allons gravir ensemble.

La matière de notre système, avec ses différents états de densité, résulte du premier acte du pouvoir créateur, qui différencie la matière homogène de l'espace, et cet acte prépare ce que nous appelons le champ de l'évolution. La matière existe (ainsi que vous le savez parfaitement pour le monde physique) sous des formes variées et à différents états.

Supposez que je tienne une orange : vous pouvez voir l'état solide en regardant l'écorce ; l'état liquide en voyant le jus, et, bien que vous ne soyez pas capables d'en voir l'air, la partie gazeuse, vous savez qu'il est là, interpénétrant à la fois le solide et le liquide, et vous savez de plus que les trois sont interpénétrés par l'éther. Par analogie, si je pouvais tenir ainsi le système solaire dans ma main, comme une orange, nous pourrions voir ces états s'interpénétrant les uns les autres : partant de la matière plus subtile qui est à la première ce que le liquide est au solide, cette dernière interpénétrée par une autre encore plus subtile – l'état gazeux de notre orange – puis l'éther. Ici, nous allons plus loin que la science actuelle ; l'existence de l'éther est pour elle une hypothèse nécessaire pour expliquer les phénomènes de la lumière, etc... mais elle ne le subdivise pas encore en densités différentes. Elle étudie les modes de mouvement dans l'éther et donne à ces modes des appellations variées telles que : forces et énergies de la nature. Elle reconnait qu'il y a différents modes de mouvement mais elle n'admet pas que ceux-ci correspondent à des densités différentes de la matière éthérique. Il y a dans l'éther des différences de densité, différences aussi sensibles que celle qui distingue le liquide du solide et c'est ce que nous appelons électricité, son, lumière, chaleur, etc. (Je n'oublie pas que la science appelle « son » les vibrations de l'air, mais ces vibrations ne sont que secondaires.)

Une densité déterminée de l'éther correspond à cette forme de mouvement qui, en électricité, fait par exemple marcher les tramways et dont les vibrations tuent l'homme. À cette même espèce d'éther correspondent les vibrations du son qui mettent en branle l'air grâce auquel nous percevons le son. Une autre espèce d'éther correspond aux vibrations de la lumière, vibrations qui nous permettent de voir. Il y en a d'autres encore que l'on connait sous forme de vibrations rapides et courtes donnant lieu à des phénomènes électriques d'un degré supérieur. Il y a encore un éther plus subtil dont le mode vibratoire permet la transmission de pensée de cerveau à cerveau.

La matière, dont les états respectifs sont à l'univers ce que sont les états que nous connaissons au monde sensible, remplissait le système solaire tout entier comme de vastes sphères s'interpénétrant les unes les autres avant l'apparition des planètes. Toutes ces sphères sont matérielles et peuvent être connues par l'intermédiaire des organes de perception dont les éléments respectifs correspondent aux états de matière. Imaginez-vous donc ce système solaire comme composé de matière à différents degrés de densité ; toutes les recherches concernant la nature de la matière, la structure de l'atome – non seulement du monde physique mais encore de toutes les autres grandes sphères – doivent être poursuivies à l'aide d'organes et d'instruments déterminés.

Ici commence cette complexité sans fin dans les détails et qui demanderait des vies et des vies pour être clairement comprise. Comment cette matière à différents états de densité vient-elle à l'existence ? D'après la Théosophie, la vie est primaire et la matière secondaire ; la vie divine s'incarne dans chaque atome de la matière du système solaire. La première grande vague de vie qui se répand dans l'océan de matière interstellaire a sa source en Dieu, ainsi que le chrétien le dirait ; dans le troisième Logos, disent les théosophes ; dans Brahma, disent les Hindous ; dans « Esprit de Dieu se mouvant à la surface des eaux », dirait un hébreu ; du créateur, dirait un mahométan.

Vous pouvez vous la représenter comme descendant le long d'un immense cercle, du zénith au nadir, puis remontant du nadir au zénith. Cette puissante vague de vie jaillit, comme une source, du sein du Logos lui-même, se répand dans le système solaire tout entier, se divise à l'infini (telle une cascade qui, en tombant du haut d'un précipice devient, dans le bas, une poussière d'eau), et elle se divise ainsi pour animer de sa vie les atomes qui prennent alors le nom de matière. Il n'est pas un atome, pas une particule de matière qui n'ait pour âme la vie même de Dieu. Il n'est rien d'inerte. Cette grande vague, en descendant dans l'océan de matière homogène, cristallise cette matière en atomes et devient la vie animatrice de toute particule de matière ; c'est avec cette matière vivante que s'édifie un univers. C'est pourquoi nous appelons souvent : Esprit-matière, ce que la science appelle matière, ce qui, en d'autres termes, signifie : la manifestation de l'Esprit. Il n'existe rien qui soit uniquement matière et l'Esprit ne peut se manifester sans un véhicule de matière. La matière est le véhicule indispensable à la manifestation de l'Esprit. L'Esprit et la matière forment la première dualité ; l'un ne peut être sans l'autre car la Vie divine ne devient Esprit qu'à la condition d'être incorporée dans la matière.

Tel est le premier acte créateur, telle est la première vague de vie. Ayant formé les atomes, elle les rassemble et constitue ces innombrables agrégats aux atomes si variés et, dans notre monde physique, nous appelons ces agrégats : des éléments [1]. Ces éléments sont les matériaux qui serviront à la construction de toutes les formes.

Il est intéressant de constater dans quelle mesure les scientistes éminents commencent à reconnaître la présence de la vie dans toutes les formes de matière ; il est intéressant aussi de les entendre employer des termes tels que : « les maladies des métaux », leur « fatigue », leurs « degrés de sensibilité aux poisons ». Il a été en effet prouvé que la vie dans les métaux et les plantes répond aux excitations de l'extérieur comme la vie dans le règne animal et dans le règne humain. J'ai vu le fait démontré à Londres par un célèbre chimiste hindou : le Dr Jagadish Chandra Bose ; rappelez-vous qu'il conclut sa magnifique conférence, en déclarant qu'il avait simplement prouvé, expérimentalement, cette grande vérité proclamée par ses ancêtres il y a des millions d'années, lorsqu'ils chantaient dans les Védas : « Il n'y a qu'une vie, bien que les hommes l'appellent de noms différents. » Cette vie une est ce qu'il importe de bien saisir et de bien se rappeler avant tout. Cette conception nous présente en effet le Logos comme le maître-constructeur, comme le grand architecte de l'univers.

Une seconde grande vague de vie jaillit du Logos, Logos sous un autre aspect : celui de constructeur et préservateur des formes. Les Théosophes nomment cet aspect : le second Logos ; les Hindous, Vishnou. Cette grande vague de vie, comme la première, s'épanche du zénith au nadir, donne à la matière certaines qualités qui la rendent apte à répondre, de bien des manières différentes, aux impacts de l'extérieur ; c'est ainsi qu'un atome déterminé, dans ses combinaisons avec d'autres, est sensible aux vibrations de la pensée comme un autre sera sensible aux vibrations de l'émotion, du désir, etc. Les diverses particularités d'un atome et de ses combinaisons sont dues à cette seconde vague de vie qui descend jusqu'à ce qu'elle ait atteint le point le plus bas du cercle qu'elle décrit, puis elle remonte du nadir au zénith. C'est durant la période de « remontée » qu'elle commence la construction des formes tirées de la matière, douée maintenant des qualités qu'elle lui a imparties pendant sa période de descente. Cette matière, possédant dès lors des qualités déterminées et le pouvoir de vibrer sous l'influence d'impacts extérieurs, est combinée, par agrégations successives, en formes : minérales, végétales, animales puis semi-animales, semi-humaines.

Sur l'arc ascendant, la vague de vie construit les formes ; sur l'arc descendant, elle donne des qualités à la matière.

Telle est la seconde conception qu'il importe d'avoir présente à l'esprit. Elle nous montre le

Logos comme le maître-artisan, et, comme ses plans sont toujours basés sur le nombre et selon des lignes géométriques, il se révèle comme étant le grand géomètre de l'univers. (« Dieu géométrise », dit Platon.)

Nous arrivons à la troisième et dernière grande vague de vie. Il existe cinq sphères, ou plans, qui constituent le champ de l'évolution. Au-delà, dans la matière la plus subtile que nous puissions imaginer, dans une splendeur inconcevable réside, dans toute sa perfection, le Seigneur du Système, Celui que les Hindous appellent Ishvara, le Seigneur indivisible, non manifesté.

Dans la seconde sphère, les aspects s'expriment, ce sont ses pouvoirs manifestés, que nous appelons Logoï, sources des vagues de vie, ce sont ces pouvoirs qui modèlent la matière et construisent les formes ; reste maintenant le pouvoir régénérateur, source de la troisième grande vague de vie.

Tout ce qui n'est pas Dieu ne peut exister dans cette sphère supérieure et c'est là que résident les germes divins, parties de Lui-même ; émanations (si nous pouvons toutefois nous servir de ce mot pour ce qui demeure dans le sein du Père), émanations qui sont appelées à devenir des âmes humaines dans le champ de l'évolution, dans les régions de la Forme. Ces émanations descendent dans les régions inférieures ; car, l'édification des mondes n'a d'autre but que celui de donner à ces Germes Divins la possibilité de se développer au travers des nombreuses formes des différents règnes, jusqu'à ce que ces divines semences se soient révélées, triomphantes, Fils de Dieu resplendissants comme le foyer de splendeur d'où ils proviennent. N'a-t-il pas été dit, en Orient : « Tu es Brahman ? » N'a-t-il pas été dit, en Occident : « Soyez parfaits comme votre Père au Ciel est parfait ? »

En vérité, l'évolution humaine atteindra ce but glorieux ; l'homme est une semence divine qui, jetée dans le sol de la terre, germera et se développera jusqu'à ce qu'elle atteigne enfin la stature de Dieu lui-même.

La troisième grande vague de vie renferme ces âmes humaines envoyées pour animer et utiliser les corps qui ont été préparés pour elles durant les nombreux siècles d'une longue évolution, du minéral à la plante, de la plante à l'animal, de l'animal au règne semi-animal semi-humain. Alors, point une aube nouvelle, instant où les âmes humaines divines qui ont attendu le jour de leur incarnation, planent au-dessus des formes qui, pour elles, ont été préparées ; à cet instant cependant, elles sont encore incapables d'influencer ces corps, de les gouverner, de les contrôler. Elles constituent la troisième grande vague de vie qui se répand dans les mondes.

Telle est la troisième grande conception qu'il importe de connaître. Du Très-Haut, la vague s'épanche dans les formes préparées pour lui servir de canaux.

La première vague de vie, donc, fit la matière. La seconde impartit à la matière des qualités et construisit des formes. La troisième vague de vie effleure la crête de la seconde en apportant ses fragments de Vie divine, fragments destinés à s'incorporer dans les formes et faire de celles-ci des tabernacles dignes de Dieu [2].

Voyez cela comme un grand tableau ; L'Esprit-Saint, troisième personne de la Trinité chrétienne, Brahma, le troisième Logos, est comme une rivière se vaporisant par la force de sa descente ; ainsi la Vie de Dieu anime tous les atomes. La Vie du Vishnou, la seconde Personne de la Trinité chrétienne, la Sagesse, construit les formes « ordonnant méthodiquement et harmonieusement toutes choses » ; enfin la Première Personne, le Père des chrétiens, le Shiva ou Mahadéva des Hindous, le Dispensateur, est la source des âmes humaines.

Nous n'irons pas plus avant dans l'étude de la première vague, l'aspect créateur, car cette étude, dans tous ses détails, demanderait des vies et des vies ainsi que je le disais au début de cette conférence. Nous considèrerons plutôt la deuxième vague dans la partie ascendante de la courbe qu'elle décrit et qui constitue l'Échelle des Vies, cette échelle que chacun doit gravir, que tous avons gravie jusqu'à un certain point, point auquel ceux qui sont derrière nous devront arriver à leur tour.

Ainsi que nous l'avons vu, la seconde vague de vie impartit à la matière des qualités en ce qui concerne la constitution même de cette matière et ses agrégats lui fournissent la possibilité qu'elle aura de pouvoir répondre à différents modes de conscience.

En premier lieu, dans les trois sphères inférieures, nous trouvons ce que Clifford, en avance sur son époque, appelle : « matière mentale » ; c'est la matière dont les vibrations correspondent aux modifications de la pensée. Vient ensuite la matière dont les vibrations répondent aux modifications de l'émotivité, de la sensation, du sentiment, de la passion, du désir. De semblables états de matière ne sont pas reconnus par la science moderne. Poursuivant ainsi jusque dans la région la plus inférieure, nous arrivons à notre monde physique dont la matière est arrivée à un point d'évolution tel, qu'elle peut répondre aux impulsions de la pensée et du désir qui viennent la modifier. Aux changements dans l'état vibratoire du véhicule dense, répond un changement dans l'état de conscience, toute modification de la conscience et les vibrations de la matière qui l'enveloppe étant intimement reliées les unes aux autres.

La grande œuvre qui consiste à construire les corps, commence avec le règne minéral, par l'intermédiaire des métaux, des minéraux, et par ce que l'on appelle communément : la matière inorganique. Immense est la richesse de la croute terrestre en ce qui concerne ces divers éléments et c'est par eux que débutent les efforts en vue de la construction des formes.

De là, nous passons aux cristaux qui offrent, de la part de la vie qui évolue en eux, des pouvoirs plus nombreux ; nous arrivons par degrés successifs, aux cristalloïdes [3] qu'on trouve dans les plantes, cristalloïdes plus plastiques que ceux des règnes minéral ou végétal. Puis, nous trouvons le royaume qui n'appartient ni au végétal ni à l'animal, mais qui forme la base des deux : c'est celui du Monisme ; de ce tronc principal partent les deux évolutions des règnes végétal et animal.

Les membres très développés du règne végétal, tels que les grands arbres des forêts, sont plus avancés, sur l'échelle de l'évolution que bien des formes appartenant au règne animal.

Toutes les expériences qui doivent être faites, dans le règne minéral, consistent à marteler fortement la matière grossière de ce règne, en vue de susciter un état vibratoire de la part de la vie cachée dans le minéral. Des tremblements de terre boursoufflent la croute terrestre, des volcans vomissent des torrents de matière liquide, l'océan se brise contre les rochers et heurte les lourds galets les uns contre les autres jusqu'à ce qu'ils soient pulvérisés en un sable fin. Ce brutal traitement infligé au règne minéral a, je le répète, pour effet d'éveiller de l'extérieur la vie dormante qui s'y trouve.

Au Moyen-Âge, un sage Soufi disait : « Dieu

dort dans le minéral. » En réalité, la vie est encore loin de diriger son attention vers l'extérieur et de voir par l'intermédiaire de son véhicule. Le but de ces violents impacts n'est donc autre que celui d'éveiller l'âme encore assoupie.

Le règne minéral offre bien des classes dont les degrés d'évolution diffèrent les uns des autres. Une barre de fer dure attirée ou repoussée par l'aimant indique déjà ces obscures vibrations qui résultent de la loi d'attraction et de répulsion dans ses premiers effets, effets qui, beaucoup plus tard, se retrouveront sous les noms d'amour et de haine. L'intérieur répond à l'extérieur qui le frappe. Vous voyez la même chose partout et, plus ils seront près l'un de l'autre, plus vivant sera le résultat produit.

Après des âges et des âges d'expériences semblables, maintes et maintes fois répétées, les fragments de matière vivante donnent de plus en plus des preuves que la vie de l'intérieur répond aux impacts de l'extérieur.

Longtemps, la science crut que la vie et la conscience résultaient de la matière ; elle vient de changer d'opinion car elle affirme maintenant que ce n'est pas l'organe qui crée la fonction, mais la fonction qui crée l'organe. Lorsque nous étudions une parcelle de matière vivante (protoplasma), comme l'amibe, par exemple, nous constatons qu'il n'existe pas de bouche pour la nourriture, pas de poumons pour la respiration, pas de cœur qui conduise le fluide vivifiant dans le corps, pas de pieds qui permettent le déplacement. Il n'y a qu'un instinct, un désir ; et le désir construit la forme à mesure qu'il cherche obscurément sa satisfaction. N'a-t-il pas été dit dans les anciennes Écritures : « Atma désire voir : les yeux. Il désire entendre : les oreilles. Il désire penser : le mental. » La bouche résulta du désir intense manifesté par la vie intérieure qui voulut nourrir son corps. Cet intense désir se prolongeant, la vie évoluant, par l'intermédiaire de son véhicule, chercha tout d'abord à envelopper l'objet qui touchait son corps pour s'en emparer et, cette action sans cesse et sans cesse répétée, aboutit à une sorte de dépression, à une cavité buccale, puis à un tube communiquant avec l'intérieur du corps ; de la sorte, lentement, graduellement, s'organisèrent la bouche et le système digestif, cette organisation complexe résultant du simple désir exprimé par la vie. De même, la matière vivante voulut se mouvoir, un point du corps fit saillie vers la direction voulue, s'accrocha, tirant et entrainant le corps ; répétée indéfiniment, cette action aboutit à créer des jambes et des pieds résultant de la volonté de se mouvoir. La matière devenant de plus en plus plastique, les organes se perfectionnent et deviennent graduellement plus aptes à satisfaire les exigences de la vie évoluante. La « volonté de vivre » de Schopenhauer est le facteur primordial de l'évolution et elle implique la volonté qu'a l'Esprit de se créer un véhicule et des organes qui lui permettent de s'exprimer à mesure qu'il se manifeste plus complètement.

Une vague de vie, par exemple, donne naissance aux herbes, aux arbrisseaux ; les arbres offrent déjà les premiers signes d'intelligence. La constante venue des saisons, en agissant régulièrement, chaque année, éveille finalement la mémoire des expériences passées et il en résulte une sorte d'attente, d'aspiration, de la part de l'organisme vivant, pour la saison qui doit suivre. La mémoire, en s'éveillant, agit à la façon d'un aiguillon, et stimule ; dès qu'un organisme vivant commence à se rappeler le passé, il commence inévitablement à aspirer au lendemain. D'années en années, l'arbre subit les épreuves de nombreuses expériences ; de saisons en saisons, c'est la montée de la sève, le bourgeonnement, la venue des feuilles, la chaleur du soleil, la pluie, les alternatives de lumière et d'ombre, le chaud, le froid, la résistance des racines et des branches sous les rafales, sous les tempêtes ; puis la chute des feuilles, le retrait de la sève, la période stationnaire dans le froid de l'hiver. Tout cela répété pendant des âges éveille à la longue les premiers signes de la mémoire, éveille, en quelque sorte par anticipation, les activités d'une intelligence naissante.

C'est ainsi que les hommes de science en arrivent à parler des yeux des plantes, sens qui leur permettent de choisir des endroits déterminés où elles peuvent croître, d'arbrisseaux qu'elles sont, en arbres majestueux. Il est bien entendu que la conscience du règne végétal diffère grandement de la conscience du règne animal, qu'elle lui est relativement très inférieure. Ces deux évolutions des deux règnes se poursuivent parallèlement et il peut très bien se faire que la conscience dans le règne végétal atteigne un point tel, que, lorsqu'elle passe dans le règne animal, elle n'y entre pas dans les formes les plus inférieures.

Considérons cependant cette évolution comme si elle était *graduelle* dans le sens le plus strict du terme, *ce qui n'est pas*, ainsi que le prouve d'ailleurs Haeckel dans sa *Généalogie de l'Homme*. Ce point de vue n'infirmera en rien notre théorie.

Lorsque la liberté de se mouvoir enivre de joie un organisme vivant, son champ d'expériences s'étend, car cet organisme se place de lui-même en contact avec le monde extérieur sans être obligé d'attendre que les objets extérieurs viennent le frapper. Cela étant, son pouvoir de perception augmente rapidement. C'est par la lutte pour la vie, par le besoin constant de pourvoir à sa subsistance, que l'animal développe les qualités nécessaires à la protection et à l'élevage des petits ; en traversant les séries de vicissitudes, soit en chassant, soit en étant chassé lui-même, il devient prévoyant et concentre ses forces ; il devient rusé, prend de plus en plus conscience de ses moyens de défense, se fait brave, et développe même les qualités qui lui donneront accès au règne humain.

Mais, alors même que l'animal arrive aux limites

extrêmes du règne auquel il appartient, il lui faut quelque chose de plus, qui lui manque, pour franchir le seuil et devenir un homme vrai. Et c'est précisément la troisième grande vague de vie qui entraine les âmes dans les formes dont elles attendaient l'édification ; elles s'y incorporent alors et l'animal devient semi-humain, semi-animal.

À cette période, ces formes sont naturellement grossières mais conviennent parfaitement aux premiers efforts tentés par l'Égo qui, de l'état sauvage, en passant par le règne strictement humain, atteindra la divinité. Au moment où il commence, il se trouve sur le premier échelon de l'*Échelle des Vies*, la hiérarchie humaine commence donc là, et l'être, degré par degré, entreprend sa lente ascension, pénétrant d'abord, de l'état sauvage, dans une civilisation très inférieure.

Une question surgit : comment cette ascension s'effectuera-t-elle ? Il ne semble pas exister de motif plausible indiquant que le sauvage doit, de cet état non civilisé, entrer dans un autre état qui soit *civilisé* ; en outre, qui nous fait supposer qu'une civilisation ayant atteint un degré déterminé du développement soit vouée à la décadence pour retourner à l'état sauvage ? Et pourtant c'est ainsi que les choses se passent et il doit y avoir une ou plusieurs causes : nous envisagerons ces causes au cours des conférences qui suivront celle-ci.

Contentons-nous aujourd'hui de suivre les périodes de développement de la conscience à partir du bas de l'Échelle des Vies où commence la hiérarchie humaine ; nous nous en tiendrons aux grandes lignes tout en n'oubliant pas qu'à chacune de ces périodes appartiennent une foule de détails.

Il y a quatre grandes étapes que Patanjali a fort bien décrites. Vous pouvez d'ailleurs vous en rendre fort bien compte par vous-mêmes.

I. La pensée est déjà suffisamment alerte et souple, mais change continuellement l'objet de son attention ; une chose l'attire qui, tout d'abord, est le seul sujet de préoccupation et de joie ; puis une autre lui succède, et ainsi de suite, à l'infini. C'est la pensée à la période de l'enfance, au début de la longue évolution ; tout jouet nouveau la captive. Patanjali dit judicieusement que cette pensée est *papillonnante* ; tel un papillon, en effet, la pensée court de fleur en fleur, zigzague dans l'air, sans qu'aucun but déterminé dirige son vol. Un grand nombre d'individus, tout en étant âgés, sont encore dans cette période de l'enfance, attirés qu'ils sont par ce qui les entoure sans qu'intervienne le contrôle de l'Égo.

II. À cette période, succède celle de l'adolescence, celle des tumultueuses passions. L'idéal commence à attirer, mais il n'y a encore ni stabilité, ni une claire compréhension des choses. Ce ne sont qu'impulsions, qu'impatiences, aspirations injustifiées, pensées confuses et peu sages. C'est l'étape de la confusion, des illusions de l'erreur. Patanjali en parle comme étant celle de « la pensée trouble ».

III. Vient ensuite l'âge d'homme dont le mental est subordonné à une idée nettement déterminée pouvant être due à l'ambition, à des aspirations philanthropiques au patriotisme ou à l'amour de la vérité. Tout ce à quoi il pense, tout ce à quoi il aspire, dirige sa conduite. S'il s'agit d'ambition, il choisit ses amis parmi ceux qu'il suppose pouvoir servir ses intérêts ; il projette, établit des plans dans le but d'arriver à ses fins, d'atteindre au pouvoir. S'il s'agit de patriotisme, il devient un héros, si l'amour de la vérité l'inspire, dans une période de troubles, il devient un martyr. Il n'est pas de raisons, pas d'arguments qui puissent l'écarter de la ligne de conduite qu'il s'est tracée ; rien de ce qui persuade habituellement d'autres hommes n'a de prise sur lui. Je me rappelle avoir rencontré, en Amérique, une personne que, seules, les formes géométriques intéressaient ; elle ne parlait que de cela, ne pensait et ne vivait que pour son sujet de prédilection. Un tel individu, assure Patanjali, est mûr pour le Yoga [4].

IV. À la quatrième étape, l'homme n'est plus l'esclave d'une idée, il en est le maître. Ayant acquis, dans la précédente étape, une immense force de caractère et de volonté, il est maintenant capable de choisir délibérément un objet quelconque d'étude sur lequel il peut se concentrer et réussir dans la voie où il s'est momentanément engagé. Ce n'est seulement qu'à cette période que l'homme arrive à faire de réels progrès dans la vie supérieure, cette vie qui est celle de l'homme parfait. À ce moment, le héros et le martyr peuvent devenir des saints, des voyants ; les portails de l'initiation s'ouvrent devant eux.

Ayant passé par les portails de l'initiation, l'homme gravit les derniers échelons avec une rapidité toujours croissante, jusqu'à ce qu'il se trouve sur le seuil de l'évolution *supra-humaine*, jusqu'à ce qu'il arrive auprès de ces êtres sublimes que nous appelons Maîtres, jusqu'à ce qu'il devienne Homme Parfait.

Une autre évolution, plus splendide encore que celle qu'il vient de parcourir, s'ouvre devant lui ; haut au-dessus de lui sont les cohortes de la hiérarchie supra-humaine, rayonnantes de gloire et de splendeur, perdues qu'elles sont dans l'éclatante lumière où sont aussi les Christ, les Bouddha, les Manous des siècles passés. Doit-il donc atteindre la stature de ces Êtres sublimes ? Il peut abandonner définitivement ce monde d'ici-bas et faire partie de ces splendides hiérarchies d'Êtres qui guident et gouvernent les mondes, qui n'ont d'autre demeure que les champs de l'espace. Ils sont puissants et glorieux ; grandes, glorieuses et indispensables sont aussi leur œuvre. Mais s'il veut arriver jusqu'aux cimes les plus élevées qu'il soit donné à l'homme d'atteindre, il ne doit pas abandonner le monde inférieur dont les cris d'angoisse en retentissant à ses oreilles, l'arrêtent sur son chemin. « Oublies-tu la compassion ? » murmure la Voix du Silence. Et alors, il retourne sur ses pas, se revêt des grossiers vêtements charnels, il se donne à l'humanité dont il veut être le sauveur, le gardien. Il continue dès lors son ascension jusqu'à égaler un Bodhisattva, un Christ, un Bouddha, puis il disparait dans la gloire, jusqu'au jour, peut-être, où il revient, dans un monde nouveau, en tant qu'Avatar, divine incarnation.

Voilà donc l'Échelle des Vies, vue de notre terre, avec les mondes qui s'y rattachent. Nous nous tenons tous sur les degrés de cette échelle, vous comme moi, et tous les êtres. Bien des degrés sont sous nos pieds, nombre d'autres aussi sont au-dessus de nos têtes. Nous pouvons poursuivre notre ascension lentement ou rapidement ; le plus indolent trouvera toujours le temps suffisant à son évolution si longue et si lente qu'il se la fasse ; chacun de nous trouvera toujours en lui les forces nécessaires car, dans le cœur de tout homme, Dieu réside. Rien ne peut changer la destinée qui doit être la nôtre, rien ne peut influencer la Volonté de Dieu qui est en nous. Nous pouvons nous attarder dans les champs à jouer comme des enfants, côtoyer les sentiers fleuris des plaisirs, mais le Dieu en nous, nous ramènera toujours sur le bon chemin. Il est patient puisqu'il est éternel, parce que son Pouvoir est illimité. Sa volonté est immuable et c'est Lui qui demeure en chacun de nous ; c'est pourquoi l'homme peut être certain de la destinée qui l'attend et que la Pureté et la Béatitude résument.

Quelques-uns d'entre nous peuvent avoir cru à une souffrance sans fin, au péché *mortel* et luttent avec terreur contre cette idée d'un enfer éternel, idée n'ayant d'autre valeur que celle d'un conte imaginaire. Dieu est partout ! Il est Joie, Lumière, Amour et, puisqu'il est en tous lieux, rien de ce qui ressemble à un enfer éternel, ou à une damnation éternelle ne saurait exister dans son univers.

Mais vous devez vous-mêmes gravir l'Échelle des Vies et si vous êtes assez peu sages pour vous attarder par trop longuement ; si vous n'essayez pas de poursuivre votre ascension, vous retarderez le cours de votre évolution au point qu'il vous deviendra impossible de participer aux progrès de la race dont vous faites actuellement partie. Une pénible lutte alors en résultera, vous souffrirez, vos corps paresseux contrasteront singulièrement avec les véhicules évolués qui vous entoureront ; le Dieu qui est en vous se manifestera pour vous en chagrin et en souffrance au lieu d'être une source de joies. Vous pouvez même vous retarder au point qu'il vous deviendra impossible de demeurer dans votre race ; vous serez mis en marge de la présente évolution et vous serez dans l'obligation d'attendre qu'une autre évolution, plus appropriée à vos caractéristiques, survienne, après de longues périodes perdues pour vous dans un sommeil profond. Mais alors et quand même, votre nature inférieure recueillera les fruits de la leçon et tentera de s'unir à votre « Moi supérieur ».

Il nous reste il est vrai de nombreux échelons à gravir parce que la vie est sans fin ; il est vrai aussi que nous nous tenons tous à des niveaux différents ; cependant la Vie est Une et c'est pourquoi nous sommes tous frères.

---

1. Pour les détails, voir *Occult Chemistry*, ouvrage non traduit encore en français. (N.D.T.).
2. Nous ne saurions trop conseiller au lecteur de vouloir bien se reporter aux ouvrages qui développent cette question : *Études sur la conscience*, du même auteur, est un des plus importants. Voir aussi *La Sagesse antique*, par A. Besant (N.D.T.).
3. *Cristalloïdes* : contiennent nombre de cellules végétales et ont l'aspect de cristaux. (N.D.T.).
4. Voir *Les Trois Sentiers* ; *Le Pouvoir de la Pensée*, par A. Besant. Voir aussi *Raja-Yoga*, par Vivekananda. (N.D.T.).

LA RÉINCARNATION : SA NÉCESSITÉ

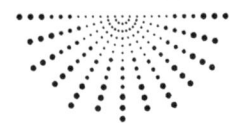

Je vous ai tracé, dimanche dernier, les grandes lignes du cours grandiose de l'évolution ; je vous ai montré comment la Vie Divine évolue dans la matière, comment elle en anime tous les atomes, comment elle emprunte à cette matière pour se créer des véhicules, des formes croissant sans cesse en variété, en sensibilité, en complexité. Je vous ai fait assister au développement de la conscience ; ensemble nous avons gravi, degré par degré, l'Échelle des Vies jusqu'au sommet ; nous avons vu comment la conscience, dans l'homme, développe peu à peu ses pouvoirs latents en passant par les stades divers indiqués par Patanjali, pour arriver devant le Portail de l'Initiation, qu'elle franchit, entrant ainsi dans l'évolution supra-humaine. Cette évolution, avons-nous dit, se poursuit après l'adeptat, depuis l'homme devenu parfait jusqu'à ce que le *surhomme* se soit élevé, à perte de vue, dans la lumière qui baigne les Grands Êtres : les Bodhisattva, les Christ, les Bouddha de l'humanité.

En m'écoutant développer ces sujets, plusieurs d'entre vous se sont peut-être dit :

Quelle méthode pourrait-on suivre pour effectuer cette ascension ? Par quel moyen est-il possible de s'élever loin, toujours plus loin au-dessus du bourbier de la terre, pour se perdre finalement dans la Divinité ?

Existe-t-il des méthodes, un mode spécial d'évolution ?

Ces questions sont aussi naturelles qu'inévitables ; je vais essayer d'y répondre dès aujourd'hui et continuerai la semaine prochaine.

J'ai divisé mon sujet en deux parties : je m'étendrai aujourd'hui sur la nécessité de la Réincarnation ; je vous montrerai combien celle-ci s'impose, combien elle est rationnelle autant qu'une loi de nature. La prochaine fois, je vous dirai comment elle solutionne les problèmes de la vie, comment elle explique les inégalités des conditions, comment elle perce ce que j'ai appelé : l'énigme de l'amour et de la haine, en nous donnant le pourquoi des sympathies et des antipathies, en nous éclairant sur l'existence des liens si puissants qui nous rapprochent les uns des autres pour nous aimer ou nous haïr. Telle est la part que je réserve pour la conférence de dimanche prochain. Je ne parlerai donc aujourd'hui que de la nécessité de la Réincarnation.

LES LOIS FONDAMENTALES DE LA THÉOSOPHIE

Si grande est la somme de travail qui nous incombe, si vaste le champ que nous avons à parcourir, qu'un moyen rationnel s'impose pour nous permettre de comprendre la possibilité d'un tel progrès. En effet, si l'on considère l'homme tel qu'il se présente sur le moment, en considérant les courtes années qui s'écoulent entre le premier cri du nouveau-né et le dernier soupir de l'agonisant, force est bien de convenir qu'un si court laps de temps ne peut suffire pour qu'une tâche si vaste s'accomplisse. Il est par conséquent bien naturel de penser que, pour cette longue et importante tâche, des voies déterminées ont été prévues, voies logiques, sans nul doute, car, dans le monde entier, tout est prévu, logique, régi qu'est le monde par la Sagesse Suprême, maintenu qu'il est par l'Amour infini.

Or, qu'entendons-nous par réincarnation ? Nous n'en parlons pas lorsqu'il s'agit des règnes minéral, végétal et animal ; les méthodes d'évolution sont, dans ce domaine, des plus instructives et des plus suggestives ; elles sont toutefois si complexes que si j'en entreprenais l'étude, je n'aurai plus assez de temps pour traiter le sujet qui doit faire aujourd'hui l'objet de ma conférence. Je me contenterai de dire, brièvement, que ce que nous pourrions appeler « les esprits embryonnaires de ceux qui deviendront humains » planent au-dessus de ces règnes inférieurs et attendent que des formes appropriées soient prêtes à les recevoir. Nous pourrions, si nous en prenions la peine et le temps, suivre les degrés successifs de cette évolution dans les mondes inférieurs.

La Réincarnation, dans le sens où on l'a comprise dans l'histoire, dans les anciennes religions ou en théosophie, possède un sens très clair et bien défini, d'après lequel l'homme est un être spirituel incorporé dans la matière. L'homme est en effet une intelligence divine dont les corps ne sont que les vêtements. Vous vous revêtissez de linge et d'habits sans vous identifier à eux ; de même, l'intelligence spirituelle se revêt de matière, de corps, et ces derniers ne sont pas l'homme pas plus que vos vêtements ne constituent votre individualité. Afin d'évoluer ses pouvoirs latents, cette individualité s'incarne et acquiert ainsi une certaine somme d'expériences qui amèneront graduellement l'éclosion des facultés divines qu'elle contient en germes. Ce sont les régions élevées qui sont sa véritable patrie ; vos corps, sans doute, sont empruntés au limon de la terre, mais *l'homme-vrai* appartient aux mondes supérieurs. Juste est cette locution chrétienne : « Votre patrie est au ciel » ; en effet, si l'homme est citoyen du pays où il a vu le jour, aucun de nous n'est terrien car il est né dans le ciel : au ciel est notre véritable lieu de naissance, c'est là notre demeure, notre *home*. Tel l'oiseau qui plane dans les nues puis effleure l'eau pour y saisir la proie qu'il emporte en reprenant son essor dans les airs, tel l'Esprit qui est dans l'homme, descend des mondes divins sur la terre où il prend ce qui doit assurer son existence, son développement, puis il s'envole avec son butin pour la lente assimilation des expériences faites, expériences qu'il transmue en aptitudes, en puissance. Cela fait, il redescend pour une autre vie sur terre et s'en retourne encore avec un nouveau butin.

Cette conception, d'après laquelle l'homme est une intelligence spirituelle, est à la base de la théorie de la Réincarnation. L'homme vient sur terre, où il prend le corps qui lui a été préparé. Il n'est pas encore manifesté quant au point de vue divin ; il doit, avant cela, apprendre à se rendre maître de la matière, ce qui ne s'effectue que par une longue série d'expériences et de nombreuses leçons. Il s'incarne tout d'abord dans un corps de sauvage ; dures, et parfois cruelles, seront les expériences qu'il recueillera par l'intermédiaire d'un tel corps, mais il apprendra de la sorte des choses aussi importantes que difficiles et qui constituent les premières phases de l'évolution humaine. Il passe ensuite par les portes de la mort où il se rend compte, sous l'aiguillon de la souffrance, des fautes qu'il a commises ; enfin, il goute au bonheur qui résulte des pensées et des sentiments de justice qu'il aura manifestés durant sa vie physique ; enfin, au cours de la dernière partie de son existence *post mortem*, s'effectue l'assimilation des expériences faites ici-bas. Ayant dès lors transmué ces expériences en aptitudes, en pouvoirs intellectuels et moraux, il se réincarne dans un corps mieux organisé que le précédent, corps plus approprié au degré d'évolution de l'Esprit, de son âme, et par l'intermédiaire duquel il pourra de nouveau recueillir, dans l'espace d'une vie terrestre, une ample moisson d'expériences nouvelles ; une fois de plus, il transmuera celles-ci, dans les autres mondes d'après la mort, en facultés, en aptitudes, en sagesse, son existence *post mortem* devenant de plus en plus longue à mesure que l'Esprit évoluera. Et il meurt et renait ainsi, sans cesse, jusqu'au jour où il arrive au terme du voyage : parti de l'état sauvage il parvient à l'homme parfait que nous appelons : Maître.

C'est là une longue vie aux jours bien nombreux dont un seul est une vie terrestre tout entière. D'une journée à l'autre, l'homme ne change pas ici-bas : il est toujours lui : par analogie, l'individualité subsiste au cours des vies nombreuses qui se succèdent et ne sont que les étapes du long pèlerinage. Celui qui a semé récoltera *lui-même* ; qui aura contracté des dettes s'acquittera *lui-même* de ses dettes, car la justice immanente qui régit les mondes exige que toute dette soit amortie, que toute vertu ait une récompense. Poursuivant ainsi sa longue évolution, la conscience et le caractère dépendant des incarnations précédentes, l'Égo atteint enfin les hauteurs de l'Homme Parfait.

À ce stade, l'homme est libéré de la renaissance ; il est désormais inutile qu'il revienne dans un monde où il n'a plus rien à apprendre. Lorsque vos enfants ont terminé leurs études primaires vous les envoyez dans les cours supérieurs : de même en est-il pour l'homme. Dans ce monde physique, comme dans les deux qui le suivent, l'on peut dire que l'homme est à l'école ; lorsqu'il a appris tout ce qui concerne ces plans de la nature, il devient ce que nous appelons : l'*Ashaiksha* ou *Aseka*, l'Adepte, celui qui, dorénavant, n'est plus un étudiant puisqu'il a terminé, qu'il n'a plus rien à apprendre. Alors, mais alors seulement, il est libéré de la roue des morts et des renaissances, il entre dans la grandiose évolution supra-humaine où sa conscience, ayant atteint un degré supérieur de développement peut s'élever à des hauteurs inconcevables, pour en arriver, finalement, à s'unir avec le Divin.

Voilà ce qu'on entend par réincarnation ; je vais maintenant essayer de vous démontrer pourquoi elle est nécessaire. Cette nécessité peut être envisagée à un triple point de vue.

1°. La Réincarnation est logique.

La théorie de la réincarnation satisfait la raison. Sans elle, la Vie serait un rébus, un problème insoluble. Je ne connais pas de souffrance plus grande, plus angoissante, pour l'intelligence, que celle qui résulte du sentiment qui porte à croire que tout ce qui nous entoure demeurera immuablement incompréhensible. Par contre, nous reprenons courage si nous savons qu'un jour viendra où notre ignorance sera tranchée par le glaive de la connaissance. Ce ne sont ni les peines ni les infortunes qui causent la misère humaine ; celle-ci, au contraire, est due à ce que l'intelligence ne marche qu'à tâtons dans la nuit, au milieu de faits qu'elle ne peut s'expliquer, de problèmes qui la troublent et qu'elle croit sans solution, problèmes qui oppressent à la fois et le cerveau et le cœur ; et cette angoisse est si profonde, si intolérable pour l'esprit, que l'homme, en présence de faits qu'il ne peut s'expliquer, succombe bien souvent sous le poids de son impuissance, dans l'impossibilité où il se voit de découvrir la vérité au milieu d'un monde qui lui parait être un chaos. Or, là où on ne peut rien s'expliquer et où règne le désordre, l'espoir ne peut fleurir. Mais l'idée de réincarnation rend la vie intelligible : grâce à elle, un flot de lumière nous permet d'entrevoir la vie humaine tout entière, d'en saisir le commencement, l'évolution et le but.

2°. L'idée de réincarnation est scientifiquement nécessaire.

La science actuelle est impuissante à répondre aux questions qui lui sont posées ; elle croyait pouvoir le faire il y a quelque vingt ou trente ans et Darwin pensait y avoir satisfait. Aujourd'hui, aucun scientiste n'avancera que l'hypothèse darwiniste soit acceptable dans tous ses principes généraux et que ceux-ci résolvent la plupart des grands problèmes qui concernent l'évolution humaine devant lesquels la science d'aujourd'hui reste muette. Elle a perdu une solution sans en trouver d'autre.

3°. L'idée de réincarnation est moralement nécessaire.

Pour la plupart c'est là le point qui importe le plus. Certaines personnes se contentent de vivre au milieu d'un brouillard intellectuel qui ne parait guère les troubler ; mais quiconque est foncièrement bon ne peut, sans une angoisse profonde, aborder les problèmes de la vie morale, à moins qu'il n'admette la réincarnation ; en ce dernier cas, il comprend que tout est juste et bien. Donc pour la raison, au point de vue de la Science comme au point de vue de la morale, la théorie de la réincarnation s'impose et c'est ce que je vais essayer de vous prouver.

1°. LA RÉINCARNATION EST LOGIQUE.

Peut-être vous rappelez-vous le verset que je citais dimanche dernier, extrait de la partie de l'ancien testament considéré comme étant apocryphe où il est dit : que la Sagesse édifia les mondes, la Sagesse qui « ordonne toutes choses harmonieusement et puissamment », ce que les chrétiens personnifient dans la seconde personne de la Trinité, les Hindous dans Vishnou.

Cette sagesse étant la Raison parfaite, l'univers qu'elle édifie ne peut être que parfaitement raisonnable.

Considérant un instant un sauvage des temps primitifs, essayons de nous rendre compte de sa nature. Prenons-le du type le plus inférieur comme les Aborigènes d'Australie, les Veddhas de Ceylan, ou encore ces êtres couverts de poils que l'on rencontre à Bornéo ; c'est à peine s'ils méritent d'être appelés hommes, et pourtant ils sont humains ; leur langage consiste en signes et en sons plutôt qu'en mots, et expriment l'émotion ; c'est à peine s'il est supérieur au langage des singes, qu'on a essayé d'interpréter.

Essayons de comprendre ce que peut être un tel homme au double point de vue, moral et mental. Il n'a en fait ni intelligence ni morale ; il n'en possède que les germes. Vous avez pu lire dans des récits de voyage que ces sauvages ne peuvent guère compter que jusqu'au chiffre trois. Un chat en fait autant avec ses petits, une poule avec ses œufs. Une anecdote raconte que le gouvernement australien, voulant un jour préserver les Aborigènes contre le froid, leur fit distribuer des couvertures ; mais lorsque avec les premiers rayons de soleil revint la chaleur, les indigènes, ne comprenant pas que le froid allait réapparaître avec la nuit, demandèrent à échanger leurs couvertures contre d'autres objets. Si bas est leur degré d'intellectualité qu'ils ne comprirent pas qu'ils auraient encore à se servir des couvertures.

Au point de vue moral, ces mêmes indigènes

étaient toujours disposés à choisir, pour leur repas, le sauvage qui se trouvait à leur portée et qui paraissait devoir flatter leur gout. Darwin cite le cas d'un homme qui ne trouva rien de mieux que de manger sa femme pour son diner. Un missionnaire ayant essayé de lui faire comprendre qu'il avait mal agi, il se contenta de répondre, en se frappant sur l'estomac : « Je vous assure qu'elle était très bonne ». Le bon missionnaire tenta, mais en vain, de lui expliquer qu'un mets agréable et une bonne morale sont deux choses absolument distinctes l'une de l'autre. Le sens moral n'est pas encore éveillé chez un tel anthropophage.

Les sauvages mangent leurs parents quand ceux-ci sont devenus inutiles ; ils mangent parfois leurs enfants quand ceux-ci ne sont pas encore à l'âge de rendre quelque service. Ils tuent, volent et s'enivrent. Et cependant, ainsi que nous le disent toutes les religions, un tel sauvage a été créé par Dieu. Où placerez-vous cet être de l'autre côté de la mort ? Que pourrait-on faire de lui dans le ciel ? Il ne semblerait pas juste de l'envoyer en enfer puisqu'il ne s'est pas fait lui-même. Vie de brute, de borné, est-ce là tout ce que le monde peut lui donner, ce monde qui, pour quelques-uns d'entre nous, apparait si beau et si merveilleux. Une intelligence rudimentaire doit-elle être le seul héritage pour cet homme primitif, pour cette partie d'une humanité au sein de laquelle fleurissent des saints, des héros, des génies ? Est-ce là tout ce qu'il est destiné à connaître de ce monde merveilleux, de la beauté et de la grandeur de la vie avec toutes ses possibilités ? Qu'adviendra-t-il d'un tel être, demandez-vous ? Et cette question nous amènera à prendre en considération l'idée de la réincarnation.

Étudions donc le sauvage à la lumière de la théorie de la réincarnation. Il a tué sa femme, et, avec elle sans doute, un certain nombre de ses compagnons ; il a tué et volé quand il était le plus fort. Mais peut-il être considéré comme un criminel ? Ce n'est qu'un être amoral. Supposons qu'il soit frappé par un autre sauvage plus fort que lui et qu'il meure, il n'est pas réellement mort : son corps seul, l'est ; et il passe alors dans un monde intermédiaire entre la terre et le ciel ; il découvre que ceux qu'il a tués, vivent ; il revoit tous ceux pour lesquels il s'était pris de haine et ces derniers sont nombreux : lui, se sent isolé ; pas plus que lui, ils n'ont oublié le passé, aussi n'est-il pas des plus agréables, l'accueil qui lui est fait dans l'autre monde. Si restreintes que soient les leçons qu'il apprend là, il arrive pourtant à savoir que si on tue un homme aujourd'hui, on le rencontrera demain, que si l'on mange sa femme ce soir, elle ne saurait être une compagne bien agréable dans l'au-delà ; que les vieux parents tués, à cause même de leur vieillesse, sont toujours en vie et ont sur le nouveau venu, effrayé et égaré, l'avantage d'avoir séjourné plus longtemps dans l'autre monde. Il commence donc là à bénéficier de quelques leçons profitables ; je n'entends pas dire qu'il les apprenne toutes en une seule expérience ; il doit au contraire revenir plusieurs fois sur terre, jusqu'à ce que les premières leçons de la vie se soient gravées dans l'Esprit, jusqu'à ce qu'il ait compris qu'il est mal de tuer et de voler, qu'il commence à reconnaître vaguement une loi qui donne à chacun selon ses œuvres. Ce ne sont pas là les seules expériences qu'il devra faire après la mort. Il est possible qu'il ait eu pour la femme qui était sa compagne un léger sentiment d'affection, avant que le désir intense de la manger ait étouffé, ce sentiment. Si peu important que soit encore ce germe d'affection, il subsiste, car rien ne se perd dans l'univers. Cette petite semence de bien commence à croître en lui réservant un peu de bonheur ; et plus tard, quand il emporte avec lui une certaine somme d'actions meilleures à son acquis, il transforme ses actes, dans le monde céleste, en une qualité morale avec laquelle il retourne sur terre. À chaque renaissance, il a ainsi une tendance de plus en plus grande à hésiter avant de tuer, à convenir, lorsqu'on le lui dit, qu'il est mal de tuer ; en parcourant ainsi un cycle de vies nombreuses, il se civilise de plus en plus, en arrive à pouvoir vivre dans une tribu dont il respectera la loi, reconnaissant qu'elle est juste puisqu'elle limite et restreint les droits de chacun. Recueillant le fruit de l'expérience dont il se nourrit, accumulant des matériaux à l'aide desquels il édifie sa vie, il va ainsi, d'existence en existence, atteignant enfin le point d'évolution propre à la plupart de nos enfants de la génération actuelle. Il existe une grande différence entre notre enfant, à nous, et celui du sauvage ; le nôtre est sensible à l'enseignement ou à l'idéal moral qu'on lui présente ; celui du sauvage ne l'est pas. Il m'a été donné de voir un enfant sauvé d'un village qui avait été détruit et dont tous les habitants avaient été massacrés. Cet enfant, recueilli par une dame missionnaire, avait été conduit en Angleterre où l'on put constater, malgré les enseignements qui lui furent donnés, en dépit de l'ambiance, que cet enfant demeura absolument inapte à comprendre les idées de morale les plus élémentaires ; rien en lui ne vibrait sous l'influence des efforts et des appels de son éducatrice.

Il est vrai qu'il existe, parmi certains sauvages, des types dégénérés provenant d'une ancienne civilisation dont le niveau fut supérieur à celui des tribus au sein desquelles ils se trouvent aujourd'hui ; il est par conséquent possible de rencontrer là des âmes un peu plus âgées capables d'être, dans une mesure déterminée, sensibles à quelques sentiments de morale.

Voyez votre enfant ! Si vous lui assurez qu'il est mal de prendre de force un jouet d'entre les mains de son frère ou de sa sœur plus jeune, plus faible que lui, il comprendra. Vous répondez à cela qu'il n'y a rien d'étonnant, votre enfant ayant conscience de ses actes. C'est juste, mais cette conscience n'est pas un don de Dieu : elle est fruit de l'expérience. Votre enfant apporte en naissant la récolte de ce qu'il a semé dans le passé, récolte dont fait partie le sentiment du juste et de l'injuste, la tendance à approuver ou à condamner. Vous profitez de cette tendance ; vous ne vous trouvez pas en présence d'une âme toute neuve, vierge, mais d'une âme d'un âge donné ayant vécu déjà de nombreuses vies. L'enfant de l'homme civilisé vient au monde avec un caractère bien déterminé, et toutes les personnes qui ont étudié les enfants s'accordent sur ce point. L'on peut dire que le caractère est en quelque sorte le « fonds de commerce » avec lequel chacun commence sa vie présente et l'individu civilisé comprend très bien, lorsqu'on le lui assure, qu'il ne doit pas prendre la vie de son voisin, ni rien de ce qui appartient à son frère.

Et l'évolution se poursuit ainsi, chaque vie terrestre devenant toujours plus féconde, chaque vie d'outre-tombe plus longue.

Quand l'un de nous viendra à mourir, quelle somme d'expériences emportera-t-il avec lui dans l'autre monde où il est appelé à cueillir le fruit de ce qu'il aura semé ! Il se verra, là, victime des erreurs qu'il aura commises et qui se traduiront pour lui en souffrances, celles-ci étant ce sur quoi l'on se base pour émettre les fausses et terribles théories sur l'enfer. Lorsqu'il aura définitivement reconnu ses erreurs, il passe dans le monde céleste, emportant avec lui le bien qui résulte des bonnes actions accomplies pendant la vie terrestre : ces bonnes actions sont autant de purs joyaux qui constituent la couronne qu'il aura méritée. Toute aspiration, tout espoir, tout sentiment noble, pur, élevé, générés ici-bas, l'accompagnent dans le monde céleste et sont les semences des prochaines qualités « innées » que, par la suite, il développera de plus en plus complètement.

De même que la beauté d'une œuvre sculpturale dépend du talent de l'artiste et de la qualité du marbre employé, de même, la beauté morale, intellectuelle, physique, dépend-elle de l'égo à l'œuvre dans la matière. Le marbre, c'est ce que vous emportez avec vous dans l'au-delà, le sculpteur est l'Esprit qui façonne le marbre en caractère. De là, l'importance de la vie terrestre qui fournit les matériaux, car selon la pureté de la pierre, la statue sera plus ou moins parfaite, ou, pour employer une expression analogue : de la semence dépendra la récolte.

Il vous est donc aisé de voir que, grâce à la loi de réincarnation, surgissent pour l'homme des occasions de créer sa destinée, que, grâce à elle, les expériences faites dans le cours des vies successives sont amassées, puis transmuées en qualités, en aptitudes et, qu'à chaque nouvelle étape de son pèlerinage, l'homme est en progrès, recueillant et transformant ces expériences en facultés nouvelles. Chacune de vos vertus actuelles a été forgée pendant la période céleste ; chacun de vos défauts indique que la vertu opposée vous manque. Même au plus lent, au moins pressé d'entre nous tous, le temps ne fera jamais défaut, l'ultime résultat est assuré, le triomphe est certain. Vous êtes tous les maîtres de votre caractère futur et, par conséquent, de votre destinée. C'est là une des affirmations données par la Théosophie en faveur de la réincarnation : le sauvage deviendra un saint, l'homme embryonnaire un triomphant fils de Dieu.

C'est là une des nécessités qui s'imposent, mais elle n'est pas la seule ; prenez le cas par exemple d'un nouveau-né qui meurt immédiatement après sa naissance. En supposant que la réincarnation ne soit pas une réalité, à quoi bon dès lors une vie aussi brève ? Si vous vous adressez au christianisme (je parle ici du christianisme, parce qu'il a rejeté la réincarnation qu'il enseignait autrefois et à laquelle il revient actuellement), comment expliquera-t-il le mystère qu'implique la mort si soudaine d'un tel enfant ? La vie humaine, les expériences faites sur terre, ont-elles, oui ou non, une valeur permanente ? Si vous répondez affirmativement en disant que les expériences terrestres vous seront utiles pendant la vie d'outre-tombe, il s'ensuit forcément, si vous n'ajoutez rien d'autre, que ce malheureux enfant est ainsi, pour jamais, privé des occasions qui lui auraient permis d'acquérir ces expériences, lacunes qu'il lui sera impossible de combler. Si vous n'admettez pas qu'il doive revenir sur terre au moment d'une nouvelle naissance, vous le dépossédez ainsi de l'inestimable valeur qu'a la vie humaine, et aucun ciel ne peut compenser cette perte, car les expériences terrestres ne peuvent y être faites ; il est donc destiné à rester pauvre durant l'éternité.

D'autre part, si vous dites que l'enfant ne perd rien, et s'il est vrai que notre destinée dépend des résultats acquis pendant une vie humaine, c'est nous qui sommes lésés, et non l'enfant ; en effet, nous qui vivons d'une longue vie faite la plupart du temps de tourments, de péchés, nous risquons fort l'enfer ; lui au contraire ne court aucun risque, puisqu'il n'aura eu aucune difficulté à surmonter, ni à souffrir de la misère ; en fin de compte, sa situation devient meilleure que la nôtre, si bien que cette théorie devient absolument inintelligible. À cela on répond que c'est un mystère, que nous n'avons pas à scruter les desseins de Dieu, chose qui ne doit pas nous être permise. Des réponses de ce genre rendent sceptique. Comment admettre que l'homme n'ait pas le droit de scruter ces desseins alors que le pouvoir de penser lui a été précisément donné dans ce but ? L'homme peut prétendre tout savoir, et à moins d'étudier et d'approfondir les choses, il ne peut s'en rendre compte. Toutes les questions sont permises à ceux qui cherchent la vérité.

Mais laissons là nos exemples du sauvage et de l'enfant. Une autre difficulté surgit. À quoi donc peuvent servir les qualités que nous avons développées dans une seule vie, au prix de tant d'efforts et de souffrances ? L'homme qui a joui d'une longue existence s'est généralement assagi, c'est à lui, le cas échéant, que nous recourons en vue d'un conseil, au lieu de nous adresser à l'homme jeune et inexpérimenté. Mais il arrive que ce vieillard meurt au moment même où sa valeur est devenue grande, au moment même où l'expérience qu'il a de la vie lui a permis d'approcher les trésors de la sagesse, et le voici qui passe dans le ciel ou dans l'enfer où, dans les deux cas, il ne peut utiliser ce qu'il a acquis.

C'est la terre qui a besoin de ces hommes vieillis dans la Sagesse. Que deviendra-t-elle si les meilleurs, si les plus sages, si les plus grands d'entre nous, ne peuvent utiliser leur sagesse dans des mondes où elle leur devient inutile, étant donné qu'ils sont irrémédiablement sauvés ou damnés ? De ce point de vue, la vie humaine tout entière devient incompréhensible, irrationnelle ; toutes les expériences terrestres deviennent des facteurs sans valeur. Plus nous chercherons une explication logique à ces problèmes, plus la réincarnation nous apparaitra nécessaire et inévitable.

2°. L'IDÉE DE RÉINCARNATION EST SCIENTIFIQUEMENT NÉCESSAIRE.

La réincarnation est nécessaire au point de vue scientifique. À l'époque où Darwin publia ses théories de l'évolution, tout était basé sur la transmission des qualités et sur la lutte pour l'existence, celle-ci étant considérée comme la meilleure école pour former des parents propres à cette transmission. Mais si celle-ci ne s'effectue pas, la clé du progrès, telle qu'elle est donnée par Darwin, est inutile, puisque la condition même de ce progrès est basée sur la transmission, sur l'hérédité.

Pour Darwin, la lutte pour la vie doit subsister, car c'est par elle seulement que l'on peut espérer faire évoluer l'humanité, théorie d'après laquelle les faibles succomberont devant les forts qui, eux, seront destinés à être les progéniteurs de la génération à venir. Au moment où je faisais des études sur l'application d'une loi concernant la population, j'écrivis à Darwin de bien vouloir me fournir quelques explications à ce sujet ; il me répondit que l'on ne devait pas chercher à adoucir la lutte pour la vie si nous ne voulions pas que tout progrès pour la race humaine devienne impossible.

Ce n'est plus l'opinion du scientiste moderne qui, maintenant, affirme que les parents ne transmettent pas à leurs enfants les qualités mentales et morales qu'ils possèdent eux-mêmes ; il dit au contraire que plus les qualités intellectuelles sont supérieures, plus le pouvoir de reproduction est amoindri. Il déclare que le génie est stérile. Il prouve que le génie musical est pour ainsi dire préparé par plusieurs générations.

C'est un fait certain qu'une famille peut avoir des aptitudes musicales jusqu'à ce qu'un corps physique, très doué sous le rapport du sens auditif de l'obéissance des doigts et des nerfs, réunisse ainsi les conditions physiques indispensables qui permettront à un génie musical de s'exprimer. Le génie prend possession de ce corps, témoigne de sa puissance, conquiert le monde et meurt ; loin de transmettre son génie qui élèverait la race à un niveau supérieur, ses enfants, s'il en a, sont plutôt médiocres et la famille s'éteint bientôt dans l'obscurité. Que devinrent en effet les familles qui donnèrent au monde Beethoven, Mozart ou tout autre génie musical du passé ? La science proclame hautement cette vérité : il n'y a pas d'hérédité mentale ou morale, le génie ne se transmet pas. N'est-ce pas le glas funèbre du progrès humain, à moins que la réincarnation ne soit un fait ?

Aussi longtemps que nous avons cru, en menant une vie bonne et pure, pouvoir transmettre nos qualités à ceux qui devaient venir après nous, le splendide conseil de William Kingdon Clifford fut justifié dans sa valeur et son influence ; il priait en effet les parents de ne jamais oublier qu'entre leurs mains se trouve l'avenir de la race et il les adjurait de vivre une vie droite, noble et pure afin de léguer le plus de bien possible à ceux qui devaient posséder le monde après eux. Ce savant ne croyait pas à l'immortalité individuelle, et à ce point de vue, il n'est point de conseil plus généreux que celui que nous venons de citer et que contient son admirable essai : *The Ethic of the Belief*. Si nous voulons demeurer dans le domaine de la vérité, nous ne pouvons guère faire état de ces paroles aujourd'hui et cette question du progrès demeure insoluble pour la science. L'hérédité physique est nettement établie, mais il n'en est pas ainsi des facultés morales et intellectuelles ; et cependant, de la croissance de ces facultés dépend l'avenir.

La continuité de la conscience n'apparait-elle pas comme le complément nécessaire de la continuité du protoplasma ?

Un autre problème scientifique se pose. Comment les qualités sociales ont-elles évolué ? Est-ce par la lutte pour l'existence ? Mais dans cette lutte, ce sont les moins socialistes qui réussissent le mieux, et vous pouvez vous en rendre compte en jetant les regards autour de vous. Au milieu des compétitions de la vie humaine, ce n'est pas, aujourd'hui, l'homme le plus honorable qui a le plus de succès, mais bien celui qui accepte la moralité courante et spéciale aux affaires, sans l'examiner de trop près ; dans la lutte commerciale moderne, ce ne sont pas les plus honnêtes qui arrivent au sommet de l'échelle, ce sont les moins honnêtes et les plus adroits, ce sont ceux qui n'ont aucun scrupule. Dans les contrées comme l'Amérique, c'est le cerveau le plus habile et la conscience la moins scrupuleuse qui mènent l'homme au faite de l'échelle sociale. L'homme qui édifie sa fortune en ruinant des milliers de familles, devient multimillionnaire et il est alors montré comme un exemple. L'or justifie les mauvaises actions qui tombent sous le coup de la loi, et ce qui demeure impuni, la conscience sociale l'admet.

Dans la dernière conférence qu'il donna à Oxford, feu le Dr Huxley fit ressortir ce fait d'une manière frappante. Il fit en effet remarquer que l'homme, simple grain de sable, se dresse contre l'évolution des vertus sociales dans l'univers, se dresse contre ce qui a fait de lui un *homme*, contre ce qui l'a élevé à un niveau supérieur à celui de la brute. Il montre que l'individu évolue non en écrasant les faibles, mais en les aimant, en les aidant ; que les qualités humaines sont la compassion et la tendresse, l'emploi de la force pour la seule protection des faibles et des misérables ; enfin Huxley se résume dans cette phrase, profonde vérité empruntée à un maître de la Théosophie : « La loi du plus fort est celle qui concerne l'évolution de la brute, mais la loi d'amour est la loi d'évolution pour l'homme. » Pourtant, ceci ne peut être vrai que si nous revenons recueillir les fruits de notre abnégation, sous formes de pouvoirs d'aider plus grands, car l'homme qui se sacrifie meurt parfois dans l'accomplissement de ce sacrifice et ses qualités sont perdues pour l'humanité ; à moins qu'il ne revienne, ce serait là un bien triste sort dont ceux qui restent pâtiraient aussi. Voyez l'oiseau qui, dans le but d'éloigner le cruel chasseur du nid et de ses petits, feint souvent d'être blessé pour attirer sur lui l'attention et se laisser tuer, abandonnant ses petits à la famine ; comment cet instinct maternel, si précieux pour la race, pourra-t-il se transmettre ? La même question ne se pose-t-elle pas pour les martyrs et les héros qui meurent pour l'humanité ; si la réincarnation est vraie, celui qui a fait ainsi le sacrifice de sa vie renait avec une conscience plus grande, plus développée que celle qu'il possédait auparavant, car son amour et son esprit de sacrifice ont porté leurs fruits durant la vie céleste et il revient plus riche, plus fort, capable d'aider ses frères avec une efficacité beaucoup plus grande qu'avant.

Un autre point mérite, en passant, d'être signalé, bien qu'il contienne de nombreux faits que nous devons laisser dans l'ombre. Les enfants naissent généralement alors que les parents sont en pleine jeunesse et non quand ils sont âgés, c'est-à-dire au moment où ils ont acquis l'expérience d'où ils tiennent leur sagesse. Le père et la mère évoluent grâce à la vie conjugale et familiale ; ils développent en eux le sentiment de l'abnégation du fait même que leurs enfants sont faibles, qu'ils demandent leur aide, si bien que les meilleures d'entre les vertus ne se montrent guère qu'au moment de la maturité, alors que la période de la conception est depuis longtemps passée. Il est évident que l'enfant ne peut hériter des vertus des parents au moment de sa naissance, en admettant que ces qualités soient transmissibles. La population d'un pays est donc surtout composée des plus jeunes et, par conséquent, des moins sages ; l'époque de la procréation est terminée quand arrive l'instant où la pensée se trouve être murie par l'âge.

Là encore intervient une difficulté que, seule, la théorie de la réincarnation peut résoudre.

Si la réincarnation est un fait, rien ne se perd. Or, ce sacrifice de tous les jours, de la part du père et de la mère, devient pendant la Vie céleste, la vertu de l'abnégation, vertu qui, plus tard, s'étend à tous ceux qui réclament assistance, vertu qui fait les saints, les héros, les martyrs. Rien n'est perdu, rien n'est gaspillé. Et combien cette théorie s'adapte à merveille, dans les mondes supérieurs, avec l'opinion scientifique concernant la conservation de l'énergie, la permanence des forces, dans le monde inférieur ! L'évolution de la conscience (ou, pour mieux dire, son développement, qui exige des corps de plus en plus parfaits pour s'exprimer dans la matière), donne à la science la raison d'être de l'évolution, lui montre les deux faits de la nature humaine : l'esprit et le corps, tous deux évoluant simultanément au cours de la longue ascension de l'être.

3°. L'IDÉE DE RÉINCARNATION EST MORALEMENT NÉCESSAIRE.

La réincarnation est une nécessité au point de vue moral.

Pour moi, c'est l'argument le plus convaincant que l'on puisse donner en faveur de la réincarnation, car ni la justice ni l'amour n'existent dans l'univers si la loi des renaissances n'est pas admise.

Il y a deux hypothèses ; l'une implique la création spéciale et spontanée des êtres par Dieu ; l'autre implique l'hérédité.

La première est acceptée de la plupart des chrétiens. Toutes deux font de l'homme un paralytique, livré, sans chance de secours, entre les griffes d'une destinée qu'il ne peut modifier en rien.

Lorsqu'un enfant vient au monde, son âme n'est pas ainsi qu'une feuille de papier blanc sur laquelle il est possible d'écrire ce que l'on désire. Toute personne connaissant l'enfant ne peut nier que le petit être a son caractère, ses qualités, ses défauts, ses caractéristiques, ses pouvoirs, ses aptitudes, autant de choses dont il nous faut bien tenir compte. Nos frères musulmans nous disent que l'homme nait en portant sa destinée autour du cou. Cela est juste en grande partie ; l'homme vient au monde avec son caractère bien déterminé.

On peut, dans une certaine mesure, façonner et modifier ce caractère, mais nous sommes en cela très limités. Ainsi que le dit Ludwig Büchner : « La nature est plus forte que l'éducation. » Si la création spéciale et spontanée par Dieu est vraie, où est la justice, pour ne rien dire de l'amour ? L'un nait idiot, l'autre génie ; l'un boiteux, l'autre fort ; l'un accapareur et avare, l'autre grand et généreux ; ces différences apparaissent dans la *Nursery*, voire même avant que l'enfant ne marche. D'où viennent ces différences ? de Dieu ? Cette théorie équivaut alors à dire que l'injustice trône sur l'univers entier, que l'impuissance et le désespoir attendent l'homme. J'ai souvent décrit ce qu'impliquerait cette théorie d'une création spéciale, d'après laquelle une âme serait directement envoyée par Dieu dans chaque être humain. L'on s'imagine peu tout ce à quoi pareille théorie entraine.

Je connais Londres à fond, j'en connais les côtés les plus sombres de la vie qu'on y mène, ayant été membre du *School-Board* dans l'*East End*, le quartier le plus pauvre, où j'avais à m'occuper du sort de quatre-vingt-seize mille enfants. En dehors de cela, j'ai eu aussi de nombreux rapports avec les pauvres. Ceux qui connaissent *East End* doivent seuls savoir ce que peut être la misère humaine. En tant que membre de ce *School-Board* j'ai pu voir des enfants dans un état si lamentable, que nous étions obligés de les renvoyer des écoles édifiées au profit des parents pauvres, ces enfants étant atteints de maladies vénériennes et présentant, de plus, une moralité et une intelligence de criminels.

D'où viennent ces enfants ? Pourquoi sont-ils parmi nous ?

Suivez-moi dans les bouges, dans ces maisons qui pourrissent sous la vétusté, noires de la saleté accumulée, et dans lesquelles ni soleil ni air ne pénètrent. Suivez-moi sous le passage étroit et infect qui conduit dans une petite cour, au milieu d'épluchures pourries de légumes. Descendons ensemble l'escalier vermoulu pour arriver dans un caveau où jamais aucun rayon de soleil ne pénètre, où l'air est lourd et vicié, air que respirent pourtant les misérables créatures qui vivent là. Dans un des coins du caveau, sur un tas de chiffons sales, une femme est couchée. Elle vient de mettre au monde un enfant, un garçon. Examinez la tête de ce petit être ! il n'a pas de front ; le cerveau a, des sourcils à la nuque, la forme d'un biseau, d'un angle relativement très aigu. Cet enfant est un criminel-né ; il aura des passions bestiales et une intelligence très faible ; il est voué au crime et à la misère pendant toute son existence. C'est là un malheureux petit mortel doué d'une âme, envoyé sur terre, nous dit-on, par Dieu. Qu'est la mère ? une pierreuse quelconque ! Qu'est le père ? sans doute un ivrogne, un journalier des quais, qui sait ? Dès son plus jeune âge, cet enfant n'entend qu'un langage ignoble, blasphèmes et termes honteux : ses lèvres, en apprenant à parler, les balbutient avant même d'en comprendre le sens. Les coups pleuvent sur son corps, il est envoyé au dehors pour voler, et, si le résultat de ses maraudages est nul, il est frappé, jeté sur ce qui lui sert de lit où il se tord sous la douleur ; puisqu'il n'a pas rapporté de quoi subvenir au repas du soir, il est ainsi maltraité. Les années s'écoulent et il continue d'ignorer les sentiments de tendresse, l'affection, les caresses jusqu'au jour où, jeune encore, il tombe entre les mains de la police.

Le tribunal pour jeunes gens à leurs premiers

méfaits n'étant pas encore institué, le voleur est mis en prison où il vit en promiscuité avec des criminels endurcis qui achèvent de le pervertir, si bien que lorsqu'il recouvre sa liberté il est plus mauvais qu'avant son entrée en prison. Pour lui, la loi est une ennemie et il ne se rend pas du tout compte qu'elle est une sauvegarde pour les hommes, une chose nécessaire. Nul ne songe à l'instruire, tous se tournent contre lui maintenant qu'il a subi la peine infamante d'emprisonnement ; mais il ne s'en soucie guère, il perpètre crimes sur crimes, subit peines sur peines sous l'influence desquelles il sort chaque fois ahuri, confus, féroce, et cela, tant et si bien, que les tribunaux taxent de criminel invétéré ce misérable produit de la civilisation moderne. Un beau jour enfin, dans un instant de violente colère, ou d'ivrognerie, il cogne trop fort et tue. Pour la dernière fois, la justice s'empare de lui, on l'assied sur le banc des accusés où il écoute, muet, les témoignages portés contre lui ; finalement, confondu, plus misérable que jamais il est conduit dans la cellule des condamnés, de là, par une glaciale matinée d'hiver, il est emmené aux travaux forcés au cours desquels il meurt ; son cadavre est alors jeté dans la fosse commune de la prison. Mais après ? Que devient-il ? Évidemment, il n'est pas digne du ciel où il ne saurait pas même être heureux ; pourtant, un individu qui n'a jamais eu une seule fois l'occasion de bien faire, ne peut être condamné aux peines éternelles de l'enfer.

Ce tableau ne s'applique pas à un seul individu, mais à un grand nombre, dans tous les pays civilisés. Il ne me semble pas que de pareils êtres soient une œuvre digne du Créateur. On peut faire mieux.

Mais retournons à Londres. Nous voici maintenant dans une famille où un enfant, un garçon, vient de naître, en bénéficiant de tous les avantages que procurent la haute situation et la fortune des parents ; il voit le jour au sein d'une famille noble qui l'accueille avec amour ; sa tête porte la marque du génie, le crâne est bien formé ; les traits, déjà délicatement ciselés, annoncent des émotions pures, un idéal élevé. Il est entouré de soins attentifs ; des pensées de vertu et de grandeur d'âme le bercent, contrairement à ce qui eut lieu pour cet autre enfant qui, lui, était bercé dans le crime. Il n'entend jamais de propos grossiers et impurs ; ses père et mère guident ses pas ; la meilleure éducation possible lui est donnée ; de l'école primaire, on l'envoie au collège puis à l'université. Il est félicité, surchargé de prix, de récompenses pour les brillantes facultés dont il a fait preuve et qu'il n'a pas créées lui-même ; sa vie n'est qu'une succession de joies, d'exploits glorieux ; en un mot l'Être Suprême parait l'avoir comblé de toutes ses faveurs, alors que, de l'autre, il n'a fait qu'un être abject, un paria qui termina sa vie dans le crime, tandis que lui meurt dans la gloire, regretté d'une nation tout entière et son nom est écrit sur le livre d'or des grands hommes ayant illustré l'histoire du pays.

Qu'avait fait chacun de ces deux enfants ? Il était venu au monde, et rien de plus. Il est *impossible* de *croire* à une création spontanée et spéciale, alors qu'on se trouve en présence d'un problème aussi angoissant. Y croire, c'est blasphémer la Justice sur laquelle l'humanité base son espoir. Je ne dis rien de l'amour, j'en appelle seulement à la Justice pour l'instant. Le criminel qui, des travaux forcés, arrive, ainsi qu'on le dit, devant Dieu, a le droit de s'écrier en se tenant à la barre du tribunal divin : « Pourquoi m'as-tu fait tel ? » De même le génie peut aussi en toute logique demander : « Pourquoi m'as-tu fait tel ? » Ah, il est inutile de répondre par ces paroles de l'épitre aux Romains : « Le potier n'a-t-il pas tout pouvoir sur la glaise ! » Non, il n'a pas ce droit si la glaise est douée de sensibilité, si la vie l'anime, si elle est susceptible de souffrir et de jouir. Nul n'a le droit de créer pour torturer ou pour détruire, de condamner sur terre au crime, de vouer à l'enfer après la mort. Voilà où apparait la nécessité de la réincarnation au point de vue moral et cette nécessité se montre supérieure à celle prise du point de vue intellectuel, car elle est plus irréfutable encore. Vous allez dire sans doute que j'exagère, que j'ai choisi des types extrêmes ; certes, j'ai mis les extrêmes en présence l'un de l'autre, mais tous deux existent ; je les ai simplement mis en parallèle afin que le contraste vous frappe davantage et que vous soyez amenés à vous demander si, oui ou non, il est possible que Dieu crée un homme en faisant d'une part un criminel-né, d'autre part un génie. *S'il n'a pas créé les deux, il ne peut pas créer l'un plutôt que l'autre.*

Lorsque ces deux cas sont envisagés à la lumière de la théorie de la Réincarnation, plus rien ne saurait nous troubler ; le criminel est une âme jeune, non développée encore ; l'autre est une âme murie par l'expérience ; tous deux sont les produits d'existences antérieures ; tous deux ont été les créateurs de leur propre destinée à mesure que l'évolution de l'esprit se poursuivit en eux.

Tel est le problème de morale avec lequel je vous laisse aujourd'hui, car ce n'est pas en écoutant un conférencier que vous pouvez vous faire une certitude sur ces sujets si importants de la vie humaine. Étudiez les problèmes, cherchez-en la solution vous-mêmes ; les solutions toutes faites d'autrui ne vous satisferont jamais, elles ne vont guère plus que des vêtements achetés tout faits. Il faut apprendre à penser par vous-mêmes, si vous ne voulez pas toute votre vie demeurer des ignorants et des insensés. En m'adressant à vous, je vous ai simplement signalé les points qui demandent à être résolus ; j'ai servi ainsi, en quelque sorte, de jalon indicateur.

Combien plus parfaite est la solution que donne une pensée plus large et que je vous définirai la semaine prochaine. Pour l'instant, laissez-moi vous dire : le pire criminel n'est pour nous qu'un frère plus jeune qui s'élèvera un jour jusqu'au niveau que nous avons atteint actuellement ; le plus grand Maître ou Rishi n'est qu'un frère ainé parvenu à un stade d'évolution qui sera le nôtre, à nous aussi, dans les siècles à venir.

La réincarnation est le message qu'apporte l'Évangile de l'Espérance qui, lui, nous donne la certitude du succès final. La réincarnation nous offre les moyens de gravir l'échelle des vies successives à travers le règne humain ; connaissant la Loi, vous pouvez travailler avec elle ; de toute façon, que vous l'admettiez ou non, vous ne l'éviterez pas. L'opinion des hommes ne peut influencer les lois de la nature, mais la connaissance de ces dernières permet de coopérer à leurs actions mutuelles et de hâter ainsi l'évolution individuelle. Non seulement, vous pouvez hâter votre évolution, mais vous pouvez encore aider vos frères à hâter la leur, en vous élevant avec eux toujours plus haut sur cette échelle des vies.

LA RÉINCARNATION : COMMENT ELLE RÉPOND AUX PROBLÈMES DE LA VIE

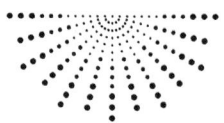

Plusieurs questions m'ont été adressées par lettres, s'ajoutant aux points que j'avais l'intention d'élucider aujourd'hui au moment où j'ai choisi le titre de cette conférence ; je répondrai aux unes et aux autres en commençant par celle-ci :

Y a-t-il un nombre défini d'âmes humaines, sont-ce les mêmes qui reviennent dans des réincarnations successives, ou bien y a-t-il un influx, un apport d'âmes nouvellement créées ?

Je me suis abstenue, ainsi que je le disais dimanche dernier, de vous parler du processus de l'intelligence, et de l'évolution de la conscience dans le règne animal, pour me restreindre au règne humain. À une certaine étape de l'évolution, une partie déterminée du règne animal passe dans le règne humain ; le moment de cette étape est passé depuis longtemps. Y compris les âmes qui sont encore dans les règnes inférieurs et qui n'atteindront pas le règne humain dans le cycle présent, il en existe un nombre fixe qui, dans le cours des siècles, devront passer par l'école de la réincarnation.

Mais, dira-t-on, si le nombre d'égos est ainsi déterminé, comment expliquer l'accroissement de la population ? La réponse est très simple : ceux qui sont en incarnation à un moment quelconque de l'évolution forment une très petite minorité des égos attachés à la roue des morts et des renaissances. De même que dans une ville comme Madras, dont la grande population est pratiquement fixe, vous pouvez avoir, à l'occasion de diverses conférences, une salle à moitié vide, ou pleine, ou tout à fait comble sans que pour cela la population de la ville ait changé ; de même en est-il pour la population du globe ; elle peut augmenter dans de grandes proportions par le nombre des égos présents à un moment donné, sans qu'il y ait pour cela augmentation dans le nombre total des âmes. Ceux qui ne sont pas actuellement en incarnation restent plus longtemps éloignés de la terre à mesure qu'ils évoluent, à mesure que l'humanité progresse, car les hommes d'un type supérieur se réincarnent à des intervalles de temps plus longs que ceux d'un type inférieur.

Mais une recrudescence de réincarnations, si légère soit-elle, et un séjour un peu plus court dans la vie céleste, augmenteraient de beaucoup la population du globe, parce que relativement peu nombreux sont les égos en incarnation à une époque donnée.

On peut cependant remarquer qu'il n'y a aucune preuve en faveur de la recrudescence de la population du globe ; reportez-vous par exemple à l'invasion de la Grèce par Xerxès, et vous verrez qu'une immense armée fut alors mobilisée ; bien que le recensement ne fût pas en usage en ce temps-là, les faits démontrent suffisamment que la population du monde était alors très dense. De nos jours, quelques pays font assez exactement le recensement, mais en ce qui concerne celui de bien des contrées, ce n'est plus qu'un calcul approximatif et assez vague, comme en Chine par exemple. Donc, l'accroissement du nombre des égos en incarnation ne peut soulever de difficultés ; car avec l'énorme population que le globe peut contenir, le nombre des égos en incarnation pourrait doubler dans l'espace de quelques années sans modifier l'équilibre de la nature.

Avant de répondre aux questions qui exigent des réponses, je désire vous dire quelques mots sur la Loi de Causalité, sans laquelle les réponses que je vous donnerais demeureraient inintelligibles.

Il existe dans la nature une loi d'après laquelle les causes et les effets s'enchaînent. Dans sa forme la plus générale, elle peut être résumée dans cet axiome admis par la Science : « L'action et la réaction sont égales et opposées. » Les hindous et les bouddhistes l'appellent simplement *Action, Karma,* car la réaction est liée à l'action. De cette loi, il résulte que lorsque l'équilibre de la nature est troublé, cet équilibre tend à se rétablir ; c'est là une vérité universelle. Si vous lancez une balle contre un mur, la force qui la fait rebondir est égale à la force initiale.

Cette loi, qui s'exerce sans cesse, entre pour beaucoup dans les questions que je dois traiter et la réalité de son existence doit être admise et impliquée dans chacune de mes réponses. Je traiterai le sujet la semaine prochaine. Ce monde n'est pas un monde d'accidents et de hasards ; son administration n'est pas celle du favoritisme ni de la partialité ; c'est un monde dont la loi est immuable, loi qui agit dans tous les domaines de la nature, non seulement dans le monde physique, mais encore dans les mondes mental et moral. La loi, ici-bas, n'est que l'expression de la Nature divine ; ainsi que le disent les Écritures chrétiennes, « elle n'est sujette à aucun changement ». Cette affirmation est littéralement vraie. Cette importante loi d'action et de réaction est à la base même de toutes les questions concernant la réincarnation, et il est nécessaire de bien la saisir afin d'avoir une compréhension nette des réponses que je vais maintenant vous donner.

La première question a trait à la différence des capacités existant chez le sauvage et le génie. La difficulté, insoluble au point de vue de la science, s'explique facilement envisagée du point de vue de la réincarnation. Chacun de nous est une Intelligence, évoluant et progressant d'une vie à l'autre, ainsi qu'une graine arrive à devenir un arbre saison après saison. Le sauvage n'est rien de plus qu'une âme jeune, incarnée, longtemps après l'âme qui a atteint le point culminant de la civilisation ; néanmoins toutes deux sont d'essence divine. La différence est la même que celle qui existe entre un chêne tout jeune et le chêne arrivé à son plein développement. Le premier est le produit d'un gland semé depuis un an, le second est aussi le produit d'un gland, devenu un arbre gigantesque au bout de plusieurs siècles. La croissance et l'évolution ne sont pas limitées aux corps ; elles appartiennent aussi à la nature morale et intellectuelle ; la différence qui existe entre la nature du sauvage et du criminel, entre celle du génie et du saint n'est qu'une question de degré de croissance ; le germe divin est plus développé dans l'un que dans l'autre, mais il existe dans les deux. Il n'y a donc là qu'une question de temps et non d'injustice ; le développement de l'un remonte à une période lointaine, tandis que l'évolution de l'autre ne fait que commencer ; tous deux n'en atteindront pas moins la perfection ; et un temps illimité s'étend devant nous pour y arriver.

Le sauvage d'aujourd'hui était encore dans le sein de la Divinité alors que celui qui, aujourd'hui, est un génie, se trouvait déjà aux prises avec les difficultés que présente l'évolution. Celui-ci approche donc du moment où il pourra gouter au repos, alors que l'heure de la lutte commence pour l'autre. Vous admettez bien l'évolution pour les corps, pourquoi l'intelligence et la conscience n'évolueraient-elles pas aussi ? Comparez votre corps avec celui du sauvage de Neandertal, sauvage dont le crâne, seul, a pu être retrouvé, et comparez celui-ci avec le vôtre, votre front avec son front fuyant, votre mâchoire avec sa mâchoire bestiale. Dans le cas du crâne, vous dites que la différence est due à l'influence de l'époque où ce sauvage vivait, qu'elle est due au progrès de l'évolution, que l'un est le crâne d'un sauvage, tandis que l'autre est celui d'un homme civilisé ; d'accord, mais appliquez le même principe à l'intelligence et à la conscience et vous pourrez vous expliquer le pourquoi de ces différences. Le progrès est partout, l'injustice nulle part. Nous, qui sommes ici, nous ne sommes pas des favorisés de la Divinité, venus pour la première fois dans le monde en ne méritant pas la situation que nous avons aujourd'hui ; le sauvage non plus n'est pas un paria, non seulement pour le sort qui est le sien, actuellement, de par la volonté divine. Non, nous avons commencé de même, et la fin sera la même ; tous deux sont entrés dans le monde, ignorants, ne connaissant rien, et tous deux finiront dans l'omniscience, connaissant toutes choses : la différence n'est que transitoire, simple différence d'âge et de progrès.

Mais, dira-t-on encore : « En supposant même que cela entre en ligne de compte pour expliquer les différences qui existent dans l'évolution humaine, l'enfant né de parents d'un type inférieur est-il invariablement lui-même d'un type inférieur ? D'autre part l'enfant hautement développé nait-il de parents d'un type supérieur ? »

Non, cela n'est pas. Il y a deux raisons pour lesquelles il est possible qu'un Égo, une âme si vous préférez, plus ou moins développée, puisse naître d'un type comparativement inférieur. Un enfant de sauvage aura le type du sauvage, mais il y a des exceptions.

Vous vous rappelez sans doute un nègre bien connu, Booker Washington, un égo des plus remarquables, dont les facultés morales et intellectuelles étaient développées à un très haut degré ; doué d'une grande éloquence, il lutta pour son peuple en essayant de l'élever sur l'échelle sociale de l'humanité. Cet homme a été souvent cité comme une preuve vivante que le nègre est susceptible de s'élever mentalement et moralement. Son égo, certes, n'était pas approprié à son corps de nègre, mais c'était un égo plein de compassion qui, bien que doué des plus hautes facultés, a voulu entrer délibérément dans un corps inférieur afin de relever une classe dégradée et méprisée.

De temps à autre, une grande âme s'incarne dans un corps inférieur, faisant ainsi le sacrifice d'elle-même afin d'élever les dégénérés, les encourager par son exemple, et les stimuler au progrès. Quelques-uns des plus grands saints de l'Inde méridionale sont nés dans la caste des Pariahs et sont vénérés partout comme des hommes d'une élévation si hautement morale et intellectuelle que le Brahmane le plus orgueilleux est obligé de les reconnaître comme des saints, des dévots, bien qu'ils soient nés dans la plus basse classe des communautés méridionales de l'Inde. Ces âmes, nées dans une classe méprisée, s'y incarnent volontairement dans le but de l'élever, de lui donner des chances d'évoluer, pour démontrer que même les corps du type le plus inférieur ne peuvent amoindrir en aucune façon la puissance du Dieu qui réside en eux. Ces cas, cependant, ne sont que des exceptions. On voit aussi parfois dans les bouges de Londres, parmi la population dégradée, un être, – homme, femme ou enfant, – croître purement et saintement comme une fleur sans tâche sur le bourbier qu'est la vie dans ce milieu. D'un autre côté, il arrive aussi que, dans une famille noble et de bonne moralité, nait ce que l'on appelle une « brebis galeuse », un être désespérant dont les parents ne peuvent rien faire et qui se voient dans l'obligation de l'envoyer dans les pays lointains où il devient, dans quelque ferme, bouvier ou berger. Ce sont là des cas qu'il nous faut admettre, et on peut les expliquer par la loi du Karma d'après laquelle, dans des incarnations passées, des liens se sont formés réunissant entre eux les égos dans la vie actuelle. La « brebis galeuse » peut, dans une vie passée, avoir accompli une bonne action qui le liait à un égo d'un type supérieur, et il revient avec ce dernier qui s'acquittera de la dette contractée envers lui par sa bonne et salutaire influence. Pour comprendre ces choses en détail, il faut remonter aux causes, et je traiterai dimanche prochain quelques-uns de ces cas exceptionnels.

Vous me demanderez encore :

Que nous direz-vous du nouveau-né dont vous nous avez parlé et qui meurt immédiatement après sa naissance ? Comment cette naissance, devenue inutile, peut-elle être expliquée par la théorie de la réincarnation ?

D'après cette théorie, il arrive que, dans le passé (et je parle ici de faits auxquels nous nous sommes reportés et que nous avons vus), cet égo s'était endetté vis-à-vis de la loi en causant la mort d'une personne, non par méchanceté, ni avec intention, mais par négligence ou dans un moment d'absence. Prenons un cas particulier : un homme jette une allumette, après avoir allumé son cigare, sans s'assurer qu'elle est bien éteinte ; elle tombe sur une meule de paille qui s'enflamme et communique le feu au cottage voisin où une personne qui s'y trouvait meurt asphyxiée. On ne peut pas dire, dans ce cas, qu'il y ait eu meurtre, ni que celui qui en a été la cause involontaire soit un meurtrier. Il s'agit là d'une négligence et non d'un crime, bien que toute négligence soit un crime. Sa dette envers la loi est assez légère et il s'en acquitte, en ne restant qu'un moment dans le nouveau corps qu'il a pris en se réincarnant ; l'égo quitte ce corps et cherche à revenir sur la terre, ce qui, dans les cas analogues à celui qui nous occupe, se produit presque immédiatement, en l'espace de quelques mois seulement.

Mais le plus souvent, c'est le Karma des parents qui est la cause d'une mort aussi prématurée. Un égo, ayant à s'acquitter d'une dette comme celle dont je viens de parler, est alors choisi pour entrer dans le corps de leur enfant afin que, par sa mort, une partie de leur Karma puisse être épuisée. C'est le plus généralement le Karma des parents qui entre en ligne de compte dans la mort prématurée des enfants, car c'est chez eux que la souffrance se fait sentir le plus cruellement. L'enfant, comme je l'ai dit, ne perd rien puisqu'il se réincarne quelques mois après ; il ne souffre qu'un instant ; les parents, eux, sont douloureusement atteints par la perte d'un enfant si longtemps espéré et attendu. Leur Karma est lié parfois à celui d'une personne ayant contracté une dette dans une vie antérieure, et la destinée des parents, comme celle de l'enfant, s'accomplissent en même temps, par la mort de l'enfant.

Entre plusieurs, nous pouvons citer un cas pouvant servir d'exemple typique : celui dans lequel des parents, dans une vie antérieure, ont montré une certaine malveillance pour un enfant qui avait quelques droits sur eux, bien qu'il ne fût pas né dans leur foyer ; ou bien encore le cas dans lequel le père et la mère étant morts, les proches parents, ou les tuteurs, se sont montrés cruels pour l'enfant qui leur avait été confié. Ce manque d'affection, ou ce traitement cruel, était crédité à leur compte dans le grand livre de la nature. La dette se présente à eux sous la forme d'un enfant tendrement aimé, dont la mort leur apprendra à être désormais plus tendres et meilleurs pour les autres enfants. J'ai connu une femme qui, ayant perdu tous ses enfants et reconnaissant que cette douleur lui avait été donnée en punition des fautes qu'elle avait commises, disait : « Je serai une mère pour tous les enfants qui se trouveront sur mon chemin afin de leur rendre tout l'amour que j'aurais eu pour mon enfant. » Dans ce cas, la leçon avait porté ses fruits et la dette karmique était largement acquittée. Cette femme, connaissant la loi, l'acceptant sans amertume et sans plainte, avait fait de son chagrin une bénédiction pour plus d'un enfant misérable, ceux-ci récoltant ainsi, au centuple, l'amour dont ils avaient été privés. C'est ainsi que la nature, c'est-à-dire Dieu, apprend à ses enfants à développer la tendresse et l'amour.

Nous arrivons maintenant à la question du progrès des nations ; non plus le progrès individuel, mais l'élévation d'une nation ou sa décadence ; comment expliquer ces deux cas par la théorie de la réincarnation ? L'élévation d'une nation est due au grand nombre d'égos hautement évolués qui y naissent, élevant ainsi graduellement cette nation à un niveau supérieur ; car ce sont eux qui constituent la nation. Les jeunes âmes de la race doivent naître dans des contrées relativement peu civilisées, puis, lorsqu'elles reviennent, après avoir progressé, elles sont prêtes à entrer dans une nation plus civilisée. La grandeur d'un pays est due à l'influx d'âmes avancées qui, incarnées dans des corps d'un type supérieur, résultant d'une hérédité favorable, élèvent la nation et concourent ainsi à faire progresser la civilisation. C'est là une leçon très importante pour ceux qui s'occupent spécialement des conditions sociales d'un peuple. Une nation peut attirer chez elle des âmes nobles ou basses selon le milieu social qu'elle a assuré. Si les conditions sont mauvaises, comme elles le sont ici dans l'Inde, dont le sixième de la population forme la classe des pariahs, nous devons inévitablement attirer dans ce pays les âmes jeunes afin qu'elles puissent y apprendre les premières leçons de l'évolution. Si, par une éducation appropriée, vous montrez à ces âmes inférieures comment vivre noblement, si vous les aidez à se développer, à s'élever, si vous leur enseignez la propreté, l'honorabilité, la tempérance, vous rendrez alors les conditions meilleures pour la basse classe ; les âmes plus jeunes devront alors chercher une civilisation d'un niveau moins élevé, et des âmes plus évoluées pourront s'y incarner, les conditions étant devenues favorables pour leur développement.

Il en est de même en Angleterre. Là, les conditions sont favorables pour quelques-uns ; mais les bouges infâmes qu'on y trouve offrent des conditions avantageuses pour des réincarnations de sauvages. Une partie de la population la plus basse, la classe des criminels-nés, est constituée par des âmes de sauvages arrivant – singulier anachronisme – dans une race civilisée. Si l'Angleterre s'attachait à faire disparaître ces lieux, il n'y aurait plus alors de conditions propices à l'éclosion et à l'incarnation de ces sortes d'âmes. Nous ne parlons en ce moment que de l'Angleterre et de l'Inde, nous pourrions en dire autant de toutes les autres nations. Les mauvaises conditions sociales d'un pays attireront des âmes peu avancées ; un bon milieu attirera des âmes hautement évoluées. La destinée d'un pays dépend donc de l'organisation apportée. Négliger les classes pauvres, c'est déterminer inévitablement la décadence nationale. C'est ce qui a eu lieu dans le passé, et c'est ce qui se passe présentement. Quand une nation est arrivée au point culminant, c'est-à-dire quand le type physique a atteint sa limite de développement et ne peut plus progresser que par un changement radical, la décadence survient. Nous pouvons constater ce fait dans l'histoire de Rome, de la Chaldée, de l'Égypte, etc. Les types d'une nation en décadence peuvent encore être utiles aux âmes peu évoluées qui y sont envoyées pour s'y incarner. Alors, le type dégénère graduellement, chaque influx d'âmes inférieures contribuant à dégrader le type physique jusqu'à ce qu'enfin la nation tout entière se soit lentement dégénérée et disparaisse des pages de l'histoire. Si vous étudiez les ouvrages des naturalistes, vous y verrez que les peuples sauvages deviennent peu à peu stériles ; le type est à un niveau trop bas pour que des égos puissent s'y incarner ; la race humaine s'est élevée au-dessus de ce type inférieur, et, du jour où il n'y a plus d'âmes assez peu développées pour habiter ces corps, les femmes cessent d'engendrer, le type diminue, et, graduellement, disparait tout à fait.

C'est là la cause pour laquelle l'extension du règne animal a été interrompue. Un gouffre est maintenant creusé entre l'humanité la plus inférieure et le stade animal le plus élevé. Les types humains qui, primitivement, servaient de types intermédiaires ont péri, en sorte que les égos provenant du règne animal ne peuvent plus trouver de corps assez inférieur pour s'y incarner. Ils doivent donc s'arrêter jusqu'à ce que, dans un autre monde, naissent des types assez simples et assez bas pour qu'ils puissent les habiter. C'est ainsi que l'on peut suivre les causes qui ont déterminé la chute ou l'élévation des civilisations. Tout dépend de l'incarnation des égos. C'est pourquoi quelques-uns d'entre nous s'opposent énergiquement à certaines formes de cruauté scientifique. La cruauté est une cause de dégradation pour l'humanité ; si l'on persiste dans cette voie, la dégradation physique devient inévitable, le physique suivant le moral dans la période de décadence comme dans celle de l'ascension ; et ce sera la ruine des nations. La vivisection appartient moralement au passé, non à l'avenir ; l'on pourra bientôt se convaincre qu'elle sonne le glas de la civilisation, à moins que la conscience ne s'élève et ne mette un terme à ces crimes de lèse-humanité.

Un autre problème concerne l'évolution des instincts sociaux. Darwin, sans toutefois y parvenir, tenta d'expliquer ces instincts, en disant que les produits issus, dans le règne animal, de couples doués de l'instinct de sacrifice, pouvaient survivre. Il n'en est certainement pas ainsi. Darwin oublie que ces couples, doués de bonté et d'instinct de sacrifice, sont ceux qui, le plus souvent, périssent ; en outre, les petits, abandonnés par la mère, ne survivent généralement pas. Ainsi que je le disais la semaine dernière, Huxley s'est fort bien aperçu que cette théorie n'expliquait rien et que le problème demeure insoluble si on ne l'envisage qu'en se plaçant au point de vue de la lutte pour l'existence. Huxley fait au contraire ressortir que toutes les qualités humaines sont plutôt désavantageuses pour cette lutte et que celles de la brute sont beaucoup plus efficaces. Prenez le cas d'une mère se sacrifiant pour son enfant ; voyez le médecin faire le sacrifice de sa vie pour enrayer une épidémie ; voyez le héros mourir pour son pays ; voyez le martyr conduit au bucher pour avoir voulu faire triompher la vérité ! Comment ces grandes âmes pourront-elles, après leur mort, faire bénéficier la race de leurs hautes qualités ? En passant dans l'au-delà, elles s'apercevront que les sacrifices accomplis sur terre sont autant de matériaux qui leur permettent d'acquérir une vertu ; l'acte, la pensée de sacrifice se transforment en une vertu permanente. Un écrivain hindou, très connu, définit parfaitement la vertu dont il fait : « un résultat permanent d'une bonne émotion ».

Le sentiment de l'amour devient une vertu quand il s'étend à tous les êtres indistinctement. Le sentiment maternel devient la vertu de l'amour lorsque cet amour s'étend à tous les enfants. Or, la pensée manifestée au moment d'une action d'éclat, ou d'héroïsme, se cristallise, pour ainsi dire, dans le ciel, en une vertu faisant partie intégrante du caractère lorsque l'homme se réincarne. Rien ne se perd. Plus nombreux seront ceux qui auront aimé se sacrifier, même au péril de leur vie, plus grand deviendra l'esprit de sacrifice dans l'humanité, car les individus se réincarnent alors plus nobles, plus généreux.

On dit que « le sang des martyrs est la semence de l'Église », non seulement parce que tout bon exemple incite au bien, mais encore parce que les martyrs reviennent ici-bas servir leur religion, leur âme noble étant, dans le monde céleste, devenue plus noble encore que dans le passé. La vie, dans ce monde céleste, transmue en une qualité permanente, fixe, le sentiment fugitif de la dernière incarnation. Les instincts sociaux prennent un caractère plus prépondérant chez l'individu se réincarnant après avoir traversé la période céleste qui rapporte ces instincts ici-bas pour l'avancement même de la race.

Voilà ce que l'on peut répondre à Huxley qui, dans la dernière conférence qu'il donna, s'étonnait en ces termes : « L'homme est peut-être une partie de cette conscience qui édifia l'Univers. » Oui ! L'homme est une partie de cette conscience ; comme tel, il est éternel. À mesure qu'il développe les qualités divines, il revient dans le monde afin d'en faire bénéficier l'humanité ; les saints et les héros rapportent avec eux la récolte de ce qu'ils ont semé, moisson qui deviendra le pain dont l'humanité doit se nourrir.

Telle est donc l'explication du développement progressif de la conscience sociale, des instincts sociaux.

Ainsi que nous l'avons vu, le type criminel s'explique, lui aussi, par l'application de la théorie de la réincarnation. Ce n'est qu'une âme jeune, à l'état sauvage, et il n'y a rien dans ce fait qui doive nous affliger ; la chose doit au contraire nous inciter à aider. Donc, là encore, peut s'appliquer avec profit la loi de la réincarnation, car, si vous l'admettez, vous n'enverrez pas le criminel en prison, pour lui rendre sa liberté et l'incarcérer ensuite à nouveau après chaque crime commis. Vous n'agirez plus ainsi ; vous vous refusez à faire entrer un varioleux à l'hôpital pour le laisser sortir au bout d'une semaine, l'y faire rentrer pour quinze jours, puis, une troisième fois, pour trois semaines. Vous le laissez à l'hôpital jusqu'à ce qu'il soit complètement guéri. Eh bien, voilà la méthode qu'il conviendrait d'employer avec ceux qui sont atteints de maladies morales et qui demandent à être traités comme ceux qui souffrent de maux physiques. Dressez le criminel ! Éduquez-le ! Ne le punissez pas avec dureté, car la punition vindicative est préjudiciable à l'égo tombé entre vos mains. Il ne s'agit pas, bien entendu, de le laisser en liberté, pas plus qu'on ne le ferait avec un animal dangereux menaçant la sécurité publique, car l'homme, lui aussi, est un danger lorsqu'il est criminel. Toutefois, sans lui faire la vie dure, dressez-le, éduquez-le et ne le laissez libre que le jour où il aura définitivement prouvé, par sa conduite, qu'il lui est désormais possible de mener une existence honnête et droite.

On parle beaucoup de liberté, mais la liberté est inutile, voire même néfaste, si le sentiment de responsabilité n'est pas admis et entièrement compris, si le contrôle sur soi-même ne l'emporte pas sur les désirs résultant d'une conduite uniquement dirigée par l'influence extérieure. Ce qu'il faut inculquer aux criminels : c'est l'éducation, la discipline ; ce qu'ils ont le droit de demander : ce n'est pas la liberté, mais bien l'éducation ; ce n'est pas la latitude de commettre crime sur crime pour chacun desquels il sera passible de prison, mais la discipline qui lui apprendra la loi du travail, le contrôle des passions, la vie honnête. Lorsque la criminologie sera une science basée sur le principe de la réincarnation, alors, alors seulement, il n'y aura plus de criminels invétérés ; les prisons deviendront de véritables écoles où l'on éduquera, où l'on réformera, où l'on purifiera ; les ainés commenceront à se rendre compte des devoirs qui leur incombent vis-à-vis des cadets, et, au lieu de leur donner le droit de vote, ils les aideront à développer en eux les vertus. Cette manière de traiter les criminels me parait supérieure à celle qui est en vigueur aujourd'hui dans les nations soi-disant civilisées.

Pourquoi des gens sont-ils venus au monde nains, difformes ou boiteux ?

C'est parce que, dans une vie antérieure, ils ont été cruels envers autrui et ils payent ces cruautés aujourd'hui par des difformités ; c'est ainsi que les Inquisiteurs sont tous revenus difformes dans leur présente réincarnation. (*Rires.*) Je ne vois pas en quoi la chose peut prêter à rire, mes amis, car c'est là un fait qui maintenant, comme dans le passé, résulte de la cruauté, et les vivisecteurs d'aujourd'hui subiront le même sort demain ; tous ceux qui exercent la cruauté récolteront ces mêmes désavantages. Le maître d'école irascible qui discipline ses élèves par la crainte et non par l'affection, qui terrorise les enfants, au lieu de leur donner l'exemple de la douceur, qui abuse de son autorité et n'a pas conscience de la responsabilité qu'implique sa haute fonction, qui ignore que la loi divine a mis les faibles entre ses mains pour qu'il les protège et non pour qu'il les opprime, pour celui-là en vérité, la future incarnation ne semble pas devoir être des plus douces ; un espoir quand même persiste, car, par les souffrances qu'il endurera, il apprendra à mieux faire.

La cruauté n'est pas considérée parmi nous aussi sérieusement qu'elle devrait l'être ; c'est un des pires crimes, en ce sens qu'il agit à l'encontre de la loi d'amour ; c'est être criminel que d'exercer la cruauté contre les faibles. Je sais que pour excuser la cruauté, les bonnes intentions sont invoquées ; l'Inquisiteur avait en vue le salut de l'âme humaine mais il aurait pu, je crois, pour ce salut, employer un moyen moins brutal que le bucher et la torture. Il en est de même pour le vivisecteur qui, dit-on, emploie la vivisection pour le bien de l'humanité. Mais ne pourrait-il pas trouver un moyen autre que celui qui consiste à martyriser les animaux ?

De même, le maître d'école devrait chercher à déraciner les défauts par la douceur plutôt que de les forcer à se cacher dans les replis du cœur par un excès de sévérité. Tout acte de cruauté exercé par le fort est néfaste, aussi bien par la souffrance physique qu'il inflige, que par les résultats moraux qui en découlent : lâcheté, soumission servile, crainte, cette pénible crainte qui imprègne le cœur de ceux qui sont victimes d'un tel acte. De plus, la cruauté fortifie ce sentiment et en assure la perpétuité, car le faible qui a été maltraité devient cruel aussi lorsque, à son tour, il est devenu fort.

Tels sont les éléments de morale qui se dégagent du principe de réincarnation. Ceux qui croient à cette loi n'osent pas agir comme le feraient les ignorants qui, eux, doivent apprendre par la souffrance ce qu'ils auraient pu apprendre par le raisonnement s'ils l'avaient voulu. Effectivement, ou par le raisonnement ou par la souffrance, tous devront apprendre à connaître la loi.

Pourquoi la sympathie ou l'antipathie ?

Celles-ci viennent des rapports que nous avons eus dans le passé avec ceux que nous aimons ou haïssons aujourd'hui. Quelques personnes s'imaginent que la réincarnation les sépare de ceux qu'elles chérissent. Il n'en est rien. En premier lieu, pendant la longue vie céleste – qui dure quelquefois des milliers d'années – vous vivez avec ceux que vous avez aimés sur terre, et, lorsque vous vous réincarnez, vous avez tendance à revenir avec les êtres que vous affectionniez. Si, pour certaines raisons, d'aucuns naissent dans une partie du monde fort éloignée de la vôtre, même alors, vous serez appelés à vous rencontrer comme amis, ou comme fiancés, si, dans le passé, vous avez éprouvé de l'amour les uns pour les autres. Pas plus au ciel que sur la terre, les liens d'amour ne peuvent être brisés ; là où l'amour existe, un lien se crée entre les égos qui éprouvent ce sentiment et le lien ne peut être rompu par la main glacée de la mort, pas plus que par les renaissances. Nous revenons ici-bas comme d'anciens amis ou comme d'anciens ennemis. N'avez-vous jamais ressenti, en voyant une personne pour la première fois, qu'il vous semblait l'avoir connue déjà ? Il suffit parfois de deux ou trois heures de conversation avec elle pour vous sentir plus en communion d'idées que des enfants d'une même famille ne le sont souvent entre eux. D'un autre côté, il arrive que la vue de certaines personnes vous fait reculer ; portez toujours votre attention sur ce sentiment, c'est l'égo qui vous avertit que vous vous trouvez en présence d'un ancien ennemi. Il est alors plus sage de vous tenir éloigné de la personne qui éveille en vous semblable sentiment, mais envoyez-lui des pensées d'amour et de bienveillance, lui rendant ainsi par de la bonté et de la bonne volonté, les torts qu'elle a pu vous causer autrefois ; vous vous apercevrez, quelques années plus tard, que vous ne reconnaissez plus cette personne comme une ennemie, mais comme une indifférente et peut-être même comme une amie.

Il arrive aussi qu'en voyant une personne pour la première fois, votre cœur s'élance vers elle dans un sentiment intense d'affection ; rappelez-vous alors que l'âme appelle l'âme, au travers des voiles de matière. Les corps peuvent différer sous certains aspects, la réincarnation nous plaçant tantôt dans une nation, tantôt dans une autre ; mais les âmes se connaissent entre elles et elles s'élanceront l'une vers l'autre lorsque les corps se rencontreront et que les mains se joindront dans une instinctive étreinte.

Telle est l'explication de ces impulsions étranges éprouvées en présence de certaines personnes : et ce sont les torts commis envers vous, dans des existences passées, qui expliquent les répulsions soudaines. Lorsque, au contraire, une attirance subite a lieu, vous pouvez y voir la base de l'amitié la plus solide qui soit sur terre. Cet appel d'âme à âme, profond, instinctif, est le plus sûr garant qui puisse vous être donné d'une amitié à toute épreuve ; il est plus certain que tous les raisonnements, que tous les arguments, et vous pouvez vous y livrer en toute confiance. Mais soyez bien persuadés que ce sentiment vient de l'intérieur et non de l'extérieur, ainsi que la chose a lieu communément dans ce que l'on a convenu d'appeler « le coup de foudre ». Certes, il peut y avoir appel d'égo à égo, mais il existe aussi un appel des corps, attraction sensuelle entre un homme et une jeune fille ; un tel amour s'usera et ne tardera pas à se briser par l'habitude ; le mariage fondé sur un tel sentiment a peu de chances de jouir d'un bonheur durable.

Mais la reconnaissance profonde qui fait dire à Savitri : « Voici mon compagnon », lorsqu'elle rencontra pour la première fois Satyavan, celui qu'elle était fermement décidée à prendre comme époux, refusant tous les autres, inébranlable dans le choix qu'elle avait fait, en dépit de la prophétie d'après laquelle son futur époux n'avait plus qu'une année à vivre, une volonté aussi ferme, inspirée par un sentiment aussi fort est vraiment digne d'être réalisée ; et c'est ainsi que peuvent naître sur terre les meilleures unions, soit dans le mariage, soit dans les rapports amicaux. La Réincarnation donne à l'amitié une durée que rien d'autre ne saurait lui donner ; grâce à elle, vous aurez la certitude de ne jamais perdre votre ami. Elle est aussi une consolation lorsqu'une personne aimée ne répond pas à votre amour ou qu'elle vous chérit moins que vous ne la chérissez, le sentiment qu'elle éprouve pour vous ne suffisant pas à votre bonheur. Celui qui connait et admet la réincarnation peut se dire : « Mon amour a sa racine dans le passé, si mon ami n'y répond pas maintenant c'est que je lui ai porté préjudice autrefois, je dois donc l'aimer davantage pour payer la dette que j'ai contractée envers lui, pour que la grande affection que je lui porte nous réunisse une fois de plus sur terre. » L'idée de réincarnation nous rend forts et capables de supporter, d'endurer tout ce qui nous arrive ; si pénibles que puissent être certaines circonstances, il n'est rien que nous soyons aptes à supporter lorsqu'on en connait la source et le but. Pour ceux qui sont éternels, l'affliction et la douleur peuvent-elles exister ?

Nous avons encore une question à résoudre :

Pourquoi ne se souvient-on pas des vies antérieures ? Que de fois ne demande-t-on pas : « Si je suis venu un grand nombre de fois sur terre, pourquoi n'en ai-je nul souvenir ? »

Je vais essayer de répondre à cela, bien que je ne puisse guère, aujourd'hui, espérer faire plus que de vous présenter un cas vous incitant à chercher et à étudier par vous-mêmes.

Le nombre de faits oubliés, dans votre existence actuelle, dépasse de beaucoup le nombre de ceux dont vous avez gardé le souvenir. Que nous reste-t-il des événements qui caractérisent notre enfance ? Seuls, quelques points saillants vous reviennent à l'esprit : votre premier poney, votre premier livre si vous avez aimé la lecture, votre première promenade en bateau ou votre premier voyage en chemin de fer. En dehors de cela, vous ne vous rappelez rien des nombreuses journées qui s'écoulèrent à l'époque de votre jeune âge ; cela ne signifie pas que vous n'en ayez conservé absolument aucun souvenir.

En effet, pour peu que l'un de vous soit soumis à

l'influence de l'hypnose, vous reverrez nettement votre enfance, avec tous les événements qui s'y rapportent. Le sujet parlera dans la langue qui lui était familière au moment de son jeune âge, alors que l'hypnotiseur ne connait pas cette langue, et que le sujet lui-même peut l'avoir complètement oubliée à mesure qu'il vieillissait. Dans ce cas, la transmission de pensée, – à laquelle on se refusait de croire il y a quelques années et dont on se sert aujourd'hui pour expliquer les phénomènes anormaux, – n'entre pas du tout en ligne de compte. S'il m'arrive, durant votre transe, de vous demander votre lieu de naissance, de vous parler de votre enfance, vous me répondrez dans la langue que vous aviez coutume d'employer dans votre jeune temps ; par contre, au réveil, vous l'aurez à nouveau oubliée. Si je vous rappelle quelque incident futile, la perte d'un jouet par exemple, cet objet vous revient immédiatement à la mémoire et il vous est possible de me dire où il était.

Ce genre d'expériences a souvent été en honneur, à Paris surtout, où malheureusement on expérimente à propos de faits insignifiants ; c'est ainsi qu'on demandait à un sujet, endormi, de se rappeler le menu d'un repas oublié à l'état de veille, expérience qui, d'ailleurs, réussissait parfaitement.

Ces réveils de la mémoire ont parfois lieu aussi pendant une période de fièvre intense ; dans le délire, par exemple, une personne se rappelle où elle a mis une épingle de valeur qu'elle pensait avoir perdue.

Tous ces phénomènes sont des plus intéressants lorsqu'on étudie les problèmes se rapportant à la question de la mémoire.

Pourquoi ce réveil de la mémoire se produit-il alors que le cerveau n'est plus dans son état normal ? Qu'il y a fièvre ou état d'hypnose ? Pourquoi le cerveau, sous l'influence de procédés anormaux, se rappelle-t-il les faits qui, à l'état normal, demeurent oubliés ? C'est que la mémoire des événements passés a été refoulée à l'arrière-plan par ceux qui succédèrent ; elle disparait donc du seuil de la conscience. L'amplitude vibratoire des cellules nerveuses cérébrales a diminué et ce sont ces vibrations qui, dans le cerveau, déterminent ce que nous appelons : mémoire ; les cellules, en cessant de vibrer, amènent l'oubli ; de plus, elles fonctionnent en groupes reliés les uns aux autres et il arrive parfois qu'une influence extérieure de peu d'importance, un parfum par exemple, en provoquant le souvenir d'une odeur autrefois respirée, provoque aussi, par association d'idées, la mémoire d'un évènement déterminé, au moment duquel le parfum donné jouait son rôle. Une cellule étant ainsi réveillée à l'activité, le groupe entier auquel elle appartient vibre aussi, et cela, si bien, que le passé revient à l'esprit.

C'est précisément sur cette théorie que je m'appuie pour répondre à cette question : « Pourquoi n'avons-nous nul souvenir de nos existences passées ? »

Quand je profite de la transe hypnotique où vous êtes plongé pour vous interroger sur votre enfance et que vous me répondez dans une langue autre que celle que vous employez aujourd'hui, ce fait prouve que cette langue vous a été enseignée ; cela est aussi indéniable que le fait de lire prouve que l'on a appris à lire. Je ne me rappelle pas du tout n'avoir pas su lire ; pourtant, puisque je lis, c'est qu'on m'apprit à épeler. Le même raisonnement s'applique au sujet de votre caractère et de votre conscience : de ce que vous les possédez l'on ne peut que déduire que, dans le passé, ils ont été formés et édifiés.

Nous pouvons pousser la chose plus loin encore. Actuellement le cerveau n'est ni dans le corps de désir, ni dans le corps mental dont vous vous serviez dans votre dernière incarnation ; votre égo est immuable ; ce qui change ce sont ses enveloppes. Vos corps actuels ne peuvent donc se souvenir que des expériences qu'ils ont faites, au cours de votre présente existence, dans les domaines physique, émotionnel, intellectuel. Le cerveau est neuf ; comment lui serait-il possible de se souvenir de faits qu'il n'a pas enregistrés puisqu'il n'existait pas, tel que, dans la vie antérieure ? De même en est-il pour le corps astral qui, lui aussi, a changé, et il ne peut se rappeler les désirs et les sensations qu'un autre corps astral enregistre. De même encore pour le corps mental qui ne peut avoir gardé le souvenir de pensées qui n'ont pas été générées par son intermédiaire. Seul, votre « Moi », votre égo immortel conserve la mémoire du passé ; c'est lui qui a passé par toutes les expériences successives et il ne peut rien oublier. Toutefois, la mémoire de tout ce qu'il a vécu ne se reflète pas dans les nouveaux corps qu'il revêt en se réincarnant ; mais il vous est possible d'en prendre conscience si vous voulez bien employer les méthodes indiquées à cet effet. Ces méthodes sont simples.

Vos énergies sont sans cesse dirigées vers le monde extérieur, là où sont vos intérêts, vos pensées, vos plaisirs ; toutes les joies vives de votre « Moi » éternel, permanent, convergent constamment vers l'extérieur au travers du corps mental, astral et physique. C'est précisément dans le sens contraire qu'il faut agir si vous désirez recouvrer la mémoire du passé ; c'est vers l'intérieur que vous devez concentrer vos énergies, vers l'Esprit manifesté en tant qu'égo et qui conserve le souvenir des expériences faites dans les existences antérieures. Du jour où vous aurez réussi à vous identifier avec votre vrai « Moi », avec l'égo, vous aurez sa mémoire, vous vous souviendrez. C'est l'égo qui a vécu les événements des incarnations passées et, quand après une vie terrestre, il a, dans le monde céleste, transmué les expériences acquises en facultés, le trésor de l'égo s'enrichit du souvenir de ces expériences ; ce ne sont donc que les résultats, les nouvelles facultés, qui s'impriment sur les nouveaux corps mental, astral et physique. On peut comparer ce fait à l'exemple que nous fournit le commerçant : celui-ci, dans sa comptabilité, ne porte chaque année, sur son grand-livre, que la balance de l'année précédente ; il n'inscrit pas le détail d'un compte appartenant à l'année écoulée et se contente d'indiquer les résultats des affaires faites dans l'exercice précédent, balance avec laquelle il entreprend une année nouvelle. C'est exactement ce que fait l'âme, l'égo, dans les mondes supérieurs ; Il établit sa balance, ferme le livre du passé que toutefois il conserve, dans sa mémoire ; il porte alors la balance sur le nouveau grand-livre que constituent l'intelligence et la conscience. La tendance qu'il a à penser que le meurtre est un crime, est partie intégrante de la balance faite et résulte des expériences passées. Ce n'est encore là qu'une *tendance*, ne l'oubliez pas : ce qui se transmet au nouveau corps mental, ce sont des tendances à penser dans une direction déterminée et ce sont elles qui entrent particulièrement en jeu dans l'éducation et qui la rendent possible. Voilà une des principales raisons nous expliquant pourquoi, dans notre conscience physique, cérébrale, nous n'avons pas le souvenir des existences antérieures.

N'est-ce pas là un bienfait ?

Je vous ai dit qu'il vous était possible de recouvrer cette mémoire par la méditation, en dirigeant vos énergies vers les régions supérieures au lieu de vous cantonner dans les mondes inférieurs, en vivant dans l'Esprit plutôt que dans l'intellect, dans le corps du désir ou le corps physique. Vivez une vie spirituelle en vous identifiant avec l'Esprit qui est Un et Divin, qui se connait lui-même ; alors, si vous le désirez, votre passé se déroulera devant votre regard intérieur.

Plusieurs d'entre nous sont persuadés de la réalité de ce que j'avance là parce que nous en avons fait l'expérience, et c'est la meilleure des preuves que nous puissions obtenir. Malheureusement sans doute, l'expérience des uns ne peut être une preuve pour les autres. Je ne vous affirme que ce que je sais être vrai ; en outre, je connais un certain nombre de personnes qui ont le souvenir de leurs vies d'autrefois, qui peuvent rechercher, vérifier des faits et suivre leurs vies respectives à travers les siècles écoulés. Mais, je le répète, n'est-ce pas pour vous un bienfait de n'avoir pas cette mémoire ? Peut-être vous rappelez-vous ces paroles de Goethe sur son lit de mort (Goethe croyait à la réincarnation, comme tout véritable philosophe) :

« Quel soulagement de penser que je vais revenir comme après un bain rafraichissant ! »

C'est là une expression allemande qu'il avait coutume d'employer pour signifier que le passé serait oublié. Ce doit donc être une bonne chose et vous le comprendrez dans un instant.

Supposez que deux fiancés s'épousent et que l'un deux sache que l'autre doit mourir un an après le mariage. Cette année-là ne serait-elle pas assombrie par l'idée de cette mort prochaine ? Quand il arrive que vous avez commis un acte répréhensible au temps de votre jeunesse, n'éprouvez-vous pas un déprimant sentiment de remords en vous reportant à cette époque ? Pour parler d'un cas plus grave, combien de criminels deviendraient vite meilleurs si seulement ils pouvaient oublier ! Le souvenir qu'ils ont de leurs crimes est une entrave à leur relèvement, à leur progrès.

Combien d'entre vous seraient plus heureux s'ils pouvaient oublier quelques-uns des actes de leur présente existence ! Il est de ces choses qu'il est bon d'oublier, comme par exemple les torts qui nous ont été causés et les injures dont on nous a accablés. Shri Ramachandra disait qu'il oubliait le soir les torts qui lui avaient été causés pendant le jour, eussent-ils été au nombre de vingt, mais qu'il n'oubliait jamais un acte de bienveillance. L'homme parfait agit de même ; le souvenir des bonnes actions reste gravé en lui et provoque un sentiment de gratitude, tandis que se dissipe la mémoire du mal qu'on lui a fait. Aussi longtemps que vous ne serez pas devenus assez forts pour supporter les souvenirs de votre vie actuelle sans regrets, sans remords, sans anxiété, et surtout sans ressentiment, sans croire à l'injustice, ne souhaitez pas d'ajouter à ce fardeau d'une seule vie, le fardeau de tout un long et lointain passé. Quand vous serez capables de considérer votre vie actuelle comme une leçon à apprendre, sans plainte, sans remord, sans mécontentement, sans révolte, alors seulement vous pourrez supporter sans défaillance la mémoire de vos vies antérieures ; mais tant que vous n'aurez pas appris à envisager avec sérénité le passé d'une seule existence, n'aspirez pas à connaître le passé d'une centaine d'existences.

Vos corps physique, astral, mental sont nouveaux à chaque incarnation, ai-je dit, et le fait que l'égo ne transmet à ces nouveaux véhicules que ce qui est indispensable pour une vie nouvelle, est une mesure bonne et sage. Quand vous aurez conscience de la mémoire de l'égo, vous sentant alors un avec lui, vous serez suffisamment forts pour supporter le poids d'un fardeau plus grand, et votre nouveau cerveau pourra percevoir le souvenir de votre long passé.

C'est là la dernière des réponses que je voulais vous donner aujourd'hui en ce qui concerne les énigmes de la vie.

En terminant, laissez-moi vous dire que chacune des réponses que j'ai faites devrait être analysée et jugée par vous, et n'être acceptée que si elle satisfait votre raison. Répéter sans avoir pensé ne stimule pas au progrès. Veuillez donc essayer de penser et de comprendre ; à cette condition vous progresserez. N'ayez pas une série d'opinions toutes faites qui reflètent simplement la pensée d'autrui ; un tel esprit d'imitation ne saurait être un hommage envers ma conférence qui fait appel à votre raison ; pensez par vous-mêmes, c'est la meilleure façon de me remercier ; écartez loin de vous les idées préconçues et les préjugés qui vous incitent à rejeter une théorie parce qu'elle est nouvelle, ou qui vous la font accepter (à quelques-uns d'entre vous) parce qu'elle est antique.

Ces conférences ont surtout pour but de vous débarrasser de ces préjugés qui vous retiennent d'étudier, de vous entrainer à penser par vous-mêmes. Penser par soi-même, même imparfaitement, vaut mieux que de répéter servilement une idée juste dont vous n'êtes pas l'auteur. Si vous voulez apprendre la Sagesse, apprenez à penser avec intensité, avec patience et persévérance. En vous obstinant à ne répéter que ce que vous avez entendu, vous développerez les facultés du perroquet plutôt que celles de l'être humain.

LA LOI DE L'ACTION ET DE LA RÉACTION

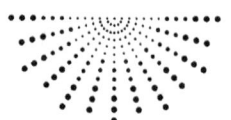

Vous devez vous rappeler que, dimanche dernier, en vous parlant de la réincarnation et de la façon dont il est possible, grâce à elle, d'expliquer nombre d'énigmes, j'ai dit qu'il était nécessaire de bien comprendre ce que j'ai appelé la *Loi de Causalité*, si l'on désire être pleinement satisfait quant aux réponses que je donnais dernièrement aux questions soulevées.

Bien que l'appellation que j'ai choisie ne s'applique pas précisément au phénomène tel qu'il s'effectue vraiment dans la nature, elle est plus familière pourtant aux personnes qui se tiennent quelque peu au courant des sciences occidentales.

Emerson comprenait parfaitement cette loi de nature lorsqu'il disait que toute action porte avec elle ses résultats, l'une étant indissolublement liée aux autres : selon lui, il n'existe aucune différence entre l'acte et la conséquence de l'acte. L'un est visible, l'autre invisible et tous deux ne sont qu'une seule et même chose. Le seigneur Bouddha éclaire cette théorie d'une vive lumière en affirmant qu'il est aussi impossible de séparer l'action de ses résultats, que de séparer un tambour du bruit qu'il produit lorsqu'on le frappe. Le tambour produit un son sous le choc de la baguette ; quand une action est commise, il existe, avant son accomplissement, ce que l'on désigne sous le nom de motif, de cause déterminante ; après son accomplissement se place le phénomène invisible désigné sous les noms de : conséquences, de résultats. Du point de vue philosophique, action et conséquences ne constituent qu'une seule et même activité : c'est ce qui fait que l'Hindou, d'esprit philosophique, emploie le terme KARMA qui signifie, en sanscrit, *action*, et qui implique les rapports, ou plutôt l'identité existant entre les parties visibles et invisibles de tout acte, c'est cette théorie qui, aujourd'hui, sera le thème principal de notre étude.

La question du KARMA ne peut être appréciée à sa valeur exacte si l'on persiste à se placer uniquement au point de vue physique.

Toute personne ayant quelque notion de science ne peut nier l'existence des lois de la nature. Ces lois ne sont pas comme des commandements qui nous ordonnent de faire ceci ou cela ; elles présentent simplement une série de faits successifs ou conséquences observables : c'est-à-dire que chaque phénomène est inévitablement suivi d'un autre phénomène bien déterminé. Cette invariabilité ayant été reconnue a été appelée une *loi de nature* et, pour la science, ces lois de nature sont basées sur des observations et des expériences innombrables. Or, une loi de nature n'est rien de plus qu'une succession de phénomènes. Cette assertion est fondamentale pour la compréhension de ce que nous appelons la loi du Karma et il est nécessaire d'en avoir une notion exacte. Ainsi que je viens de le dire, il n'y a pas, dans la nature, de loi qui soit un commandement. Celles qui sont édictées par le roi, les parlements, les chambres législatives, sont des ordres indiquant que les choses doivent être faites dans tel ou tel sens, ou qu'il faut s'abstenir si l'on ne peut obéir ; les pénalités qui s'y rapportent en cas d'infraction sont arbitraires ; il n'existe en effet aucun rapport entre une offense prohibée par des statuts et la pénalité imposée en cas d'infraction : cette dernière n'est liée à l'offense que par la volonté du législateur, mais il n'y a entre les deux choses aucun lien quant aux causes qui ont généré l'offense. En ce qui concerne une loi de nature, le processus est tout différent ; il n'y a pas de commandement, d'ordres, mais seulement : une conséquence et, en cas de négligence, la pénalité s'impose, inévitable et naturelle. Une loi de nature ne peut être violée ; l'on ne peut que la négliger ; dans ce cas, des résultats déterminés sont inévitables. Certaines conditions sont établies d'une manière donnée et, quel que soit le lieu où celles-ci sont présentes, une autre condition bien définie surgit. Voilà ce que l'on entend par loi de nature. Si vous semez du riz, vous récolterez du riz et non de l'orge ; la nature ne vous dit pas : « Semez du riz ou semez de l'orge » ; elle vous laisse libre de semer ce que bon vous semble, et c'est précisément dans ce rapport étroit qui existe entre la semence et la récolte, que l'on peut se rendre compte de la loi de nature. Si vous voulez récolter du riz, inutile de semer de l'orge ou des ronces ; voilà le Karma.

Cette loi de nature est encore, sous une autre forme, exposée clairement et sans équivoque possible, par les écritures chrétiennes : « Ne vous leurrez pas ; on ne se rit pas de Dieu, car, ce que l'homme aura semé, il le récoltera. » C'est là, une fois de plus, le Karma, établi d'une façon nette. Et si maintenant vous réfléchissez sur ces lois de nature au point de vue de leur action sur le plan physique, si vous savez comprendre leur signification et vous rendre compte de leur portée, vous n'éprouverez alors aucune difficulté à appliquer cette idée de loi dans les mondes mental et moral. Dans les livres théosophiques, bouddhistes et hindous, ce mot de Karma est constamment employé lorsqu'il s'agit de conséquences certaines agissant dans les mondes mental et moral. Tous les mondes sont reliés entre eux, et, dans tous, la loi ou Karma règne toute-puissante. C'est une succession invariable de faits qui ne ressemble en rien à un ordre ou à un commandement ; cette loi vous laisse libre de choisir, elle vous indique seulement qu'en conséquence de votre choix, telle ou telle chose se produira, et que, quelle que soit la condition que vous aurez choisie, vous devrez accepter celle qui doit inévitablement lui succéder. Cette loi, exposée dans le monde physique par l'homme de science, pourrait inciter un ignorant à croire qu'il n'a aucune liberté, qu'il ne peut rien faire. Effectivement, toute loi naturelle exposée purement et simplement, sans aucun développement explicatif, peut conduire à penser : « Puisque telles et telles conditions sont imposées par la nature, à quoi bon essayer d'agir de telle ou telle manière. »

Prenons par exemple la loi de gravitation, se rattachant à la loi générale de l'attraction, et d'après laquelle les corps tendent toujours à se déplacer vers le centre de la terre. Un ignorant pensera que tout doit inévitablement se déplacer selon cette direction et, assis au pied d'un escalier, il pourrait bel et bien déclarer : « La loi de pesanteur s'oppose à ce que je m'éloigne du sol, je ne puis donc gravir cet escalier. » Comment donc alors est-il possible de monter ? En opposant à la force naturelle qui vous attire vers le centre de la terre, une autre force, naturelle elle aussi (la force musculaire), qui vous rendra apte à vous élever au-dessus de la terre. C'est là un autre principe fondamental qu'il importe de bien saisir ; malgré la tendance à se diriger vers le centre de la terre, vous pouvez vous en éloigner en utilisant une autre force également naturelle. Vous ne violez pas la loi de pesanteur ; vous avez conscience de son action par l'effort que vous devez produire pour vous opposer à elle ; cet effort justifie l'affirmation scientifique d'après laquelle une loi de nature ne peut être violée. Pour descendre l'escalier, l'effort n'est pas nécessaire, puisqu'on obéit alors à la loi de pesanteur.

Ainsi donc, en poursuivant vos études, vous vous apercevrez qu'une théorie qui, de prime abord, semble paradoxale, est réellement vraie ; et c'est précisément parce que les lois sont inviolables que l'homme peut agir librement, mais à une condition, et à cette condition seulement, c'est qu'il connaisse et comprenne ces lois ; dans le cas contraire, il n'est que leur esclave. Votre liberté d'agir au milieu des forces de la nature est en raison directe de votre connaissance. Vous pouvez avoir confiance dans ces lois et compter sur elles ; puisqu'elles ne varient pas, vous pouvez vous appuyer sur elles, neutraliser les forces qui s'y opposent pour utiliser celles qui ne les entravent pas. C'est parce que la nature est animée tout entière d'énergies agissant dans toutes les directions possibles d'après des lois immuables, que l'homme, par la connaissance, peut se rendre maître de la nature ; c'est là un autre point qu'il nous reste à établir clairement sur le plan physique. Vous vous rappelez peut-être la célèbre théorie d'un homme de science, théorie que j'ai souvent citée et qui est profondément vraie : « La nature est conquise par l'obéissance. » Il est impossible de lutter contre la nature, elle est trop puissante pour les faibles pouvoirs de l'homme ; mais elle peut être soumise à la volonté de celui qui comprend et connait les lois sous lesquelles ces forces s'exercent. Il ne s'agit que de les comprendre pour en devenir maître ; et si la science est devenue possible, si, pendant le siècle dernier, elle a obtenu les plus magnifiques et les plus utiles triomphes, c'est parce que le monde est régi par des lois naturelles. Si celles-ci n'existaient pas, les assertions de la science n'auraient aucune base stable pour justifier ses calculs ; des accidents surviendraient constamment et nous ne saurions jamais ce qui nous attend. Mais ces lois étant immuables, il est possible de tabler sur elles et de les comprendre ; c'est pourquoi l'homme, dans un monde dont les lois sont immuables, peut être libre, car il peut asservir ces lois, ce qu'il ne saurait faire sans leur concours. C'est là tout le secret que cachait le célèbre Emerson dans cette phrase : « Attachez votre wagon à une étoile. » La force symbolisée par l'étoile entrainera le wagon, quel que soit son poids. La nature n'ordonne pas et l'homme n'est pas son esclave ; il vit au milieu de lois et de forces qu'il peut découvrir, calculer, et la connaissance qu'il en aura lui permettra de les régir et de les employer. Du sein de ce réseau de forces immuables, il peut extraire ce qu'il désire, dans la certitude où il est que la nature ne lui fera jamais défaut et ne déviera jamais de sa route qui est immuable ; s'il échoue, c'est que son appel aux lois n'a pas été ce qu'il aurait dû être, qu'il ne les connait qu'imparfaitement, et c'est cette imperfection même qui l'a trahi.

Est-il possible d'étendre cette infaillibilité de la loi, son inviolable et immuable sécurité, aux domaines mental et moral ? Les anciennes religions abondent dans ce sens, de même aussi quelques religions modernes, bien que moins complètement et moins clairement. Si la chose est possible, l'homme est alors vraiment le maître de sa destinée, car il lui est possible d'agir dans ces mondes d'où l'avenir dépend, et faire de lui-même ce qu'il désire devenir. Mais pour cela, comme pour les sciences physiques, une étude approfondie s'impose, et il faut apprendre à connaître les méthodes qui permettent d'appliquer les lois de façon à obtenir les résultats désirés.

Trois lois subsidiaires se rattachent à la grande loi générale de l'action :

- 1°. La pensée construit le caractère dans tel ou tel sens désiré ;
- 2°. L'énergie que nous appelons désir, ou volonté (deux formes de la seule et même

énergie) amène le penseur en contact avec l'objet désiré, le premier étant dans l'obligation absolue de se mouvoir dans la direction suivant laquelle il pourra trouver l'objet et satisfaire ainsi son désir ;
- 3°. Selon que les effets de votre conduite auront suscité de la peine ou de la joie, vous éprouverez peine ou joie, par suite d'un juste choc en retour.

Je vous rappelais en effet, la semaine dernière, cette vérité scientifique d'après laquelle l'Action et la Réaction sont égales et opposées.

Si l'homme comprend ces trois lois et sait les appliquer, il devient le maître de son avenir, il devient le créateur de sa destinée. Loin d'être abandonné à lui-même, ce à quoi le condamnerait la théorie de la création spontanée ou celle de l'hérédité intellectuelle et morale, il devient son propre maître et l'artisan de son avenir ; il est apte à faire de sa vie future ce qu'il veut qu'elle soit, dans la mesure où il connait et veut.

Je vais maintenant vous montrer comment fonctionnent ces lois ; si vous les ignorez et si vous n'avez aucune notion des méthodes qui permettent de les appliquer, la théorie, dans son ensemble, si rationnelle qu'elle puisse être, ne serait pas aussi satisfaisante que celle que j'espère vous donner.

I — LA PENSÉE ÉDIFIE LE CARACTÈRE.

Cette assertion est prouvée, soit par les nombreux témoignages du passé, exposée qu'elle se trouve être, très clairement, dans les Écritures sacrées du monde, soit par l'expérience individuelle. Cette dernière preuve est de beaucoup la plus évidente, car elle est personnelle et rien ne peut l'ébranler.

Les témoignages du passé sont très affirmatifs ; c'est ainsi qu'il est dit, dans les *Chandogyopanishad* :

« L'homme est créé par la pensée, l'homme devient ce à quoi il pense. »

Le sage roi d'Israël s'exprime absolument de la même façon :

« Un homme est ce qu'il pense. »

On retrouve dans la *Bhagavad-Gita* une idée analogue :

« L'homme est ce qu'est sa foi. »

Cinq mille ans plus tard, vous vous le rappelez sans doute, le professeur Bain émet la même théorie en disant que la conduite d'un individu dépend des croyances qu'il professe. Je pourrais citer nombre de passages se rattachant à cette même idée ; tous vous montreraient que les grandes Écritures de toutes les grandes religions sont d'accord sur ce point. On trouve d'ailleurs cette théorie exposée partout.

Or, s'il s'agit réellement d'une loi de nature, celle-ci peut être vérifiée. Toute théorie vraie émanée d'une loi de nature est vérifiable par l'expérience individuelle, et c'est le cas pour celle qui nous occupe. Si vous voulez vous convaincre que le caractère dépend de la pensée, essayez de mettre en pratique la méthode qui est très simple et qui démontre l'évidence du fait en un temps relativement court. J'insiste sur ces mots, *relativement court*, sachant que de nos jours les gens sont dans une hâte perpétuelle. Mais rappelez-vous que l'on ne peut acquérir de connaissances individuelles que par une longue patience, que par des efforts persévérants. Supposez que vous veuilliez vous rendre compte qu'il est possible, par la pensée, d'ajouter une qualité au caractère ou de supprimer un vice, l'égoïsme par exemple, ou tout autre défaut. Supposons tout d'abord que vous possédiez un caractère irritable ; ce n'est pas un crime, c'est une faiblesse commune à bien des gens. Dès l'instant où vous aurez reconnu ce défaut, n'y pensez plus, car s'il est vrai que la pensée construit le caractère, penser à un défaut, c'est le vivifier, c'est le développer ; penser à votre irritabilité serait vous rendre plus irritable encore et fortifierait cette faiblesse peu enviable. Pensez donc à la qualité contraire, à la patience ; méditez chaque matin cinq minutes sur la patience ; ne le faites pas une fois seulement pour rester quatre ou cinq jours sans méditer et recommencer ensuite. L'irrégularité détruit le travail déjà fait et vous serez un peu comme le soldat qui marque le pas sans avancer. Attelez-vous régulièrement au travail, c'est là une condition toute scientifique. Méditez donc chaque matin cinq minutes sur la patience ; faites-le comme bon vous semblera, variez si vous le voulez votre façon d'y penser, cela importe peu, l'essentiel, c'est que vous y pensiez. Il existe une excellente méthode qui consiste à vous imaginer que vous êtes patient, que vous êtes un parfait exemple de la vertu que vous cherchez à développer en vous. Pensez alors aux personnes les plus agressives que vous connaissiez et que vous rencontrez souvent : imaginez-vous qu'elles vous provoquent ainsi qu'elles ont l'habitude de le faire quand elles se trouvent en votre présence ; figurez-vous qu'elles s'acharnent après vous, mais que vous vous montrez patient et inébranlable devant leurs attaques. Il ne doit y avoir dans votre pensée aucune tendance à vous irriter ; quelles que soient les provocations auxquelles vous êtes en butte, vous devez, dans cette image mentale, montrer une patience à toute épreuve. Adoptez cette méthode, en la variant, tous les matins pendant une semaine et vous serez tout surpris de constater que la patience devient chez vous presque automatique et sans effort dans votre vie journalière. Cela indique que votre méditation du matin est fructueuse. Vous avez créé dans votre mental une tendance à la patience ; tout d'abord vous n'y penserez qu'après un léger accès de mauvaise humeur et vous vous direz : « Oh, j'aurais dû être patient ! » Mais persistez jusqu'à ce que l'idée de patience se présente à l'esprit *en même temps* que la provocation, et, alors, vous ferez un effort de volonté dans ce sens ; continuez encore jusqu'à ce que l'idée de patience se présente à vous *avant* la Provocation et celle-ci n'aura plus aucune prise sur vous du fait que vous aurez pris l'habitude mentale qui vous aura rendu automatiquement patient.

Continuez et continuez toujours jusqu'à ce que, au bout de quelques mois (le laps de temps dépend de l'intensité de votre méditation), jusqu'à ce que vous puissiez constater enfin que la patience fait partie intégrante de votre caractère, que désormais vous n'êtes plus porté à vous irriter, en présence des petites vexations de la vie. Je sais que tout cela est vrai, car je l'ai expérimenté moi-même ; j'étais autrefois d'un caractère très impatient et je suis aujourd'hui une personne très patiente. Essayez cette méthode et, lorsque vous aurez reconnu l'évidence de la loi, vous aurez acquis une certitude, vous saurez qu'il est vrai que la pensée construit le caractère.

Nous pouvons de cette manière arriver à éliminer défaut après défaut, pour y substituer les qualités correspondantes. Vous pouvez faire votre caractère aussi surement qu'un maçon élève un mur, brique par brique. Voilà en quoi on obtient la certitude que ces lois naturelles s'exercent dans le monde mental comme dans le monde physique. Vous deviendrez ce à quoi vous pensez. Si vous voulez faire cette simple expérience, et si, convaincus de l'importance de la question, vous voulez bien consentir à y sacrifier cinq minutes chaque jour pendant quelques mois, vous vous apercevrez que vous avez acquis le pouvoir de faire votre caractère ; dès lors, en ce qui concerne celui-ci, vous êtes devenu son maître, et votre succès complet n'est plus qu'une question de temps et d'effort soutenu.

Cette méthode ne vaut-elle pas mieux que de soupirer toute votre vie en disant : « Oh, comme je voudrais être bon ! » et continuer à répéter chaque jour les mêmes fautes et les mêmes sottises ? Il n'est pas de moyen plus sûr ; le pouvoir de la pensée est le pouvoir créateur par excellence ; Dieu par la pensée a créé le monde. Nos petits mondes à nous, c'est la pensée humaine qui les a créés. Aucun autre pouvoir créateur n'existe dans l'univers ; si les hommes connaissaient et utilisaient ce pouvoir, leur évolution serait beaucoup plus rapide qu'elle ne l'est.

II — LE DÉSIR AMÈNE LE PENSEUR EN CONTACT AVEC L'OBJET DÉSIRÉ.

Au premier abord cette vérité ne doit pas vous sembler aussi palpable que la précédente, cependant, le désir, la volonté, est le seul motif déterminant dans l'univers. Vous pouvez constater qu'il est partout un centre d'attraction : en chimie, dans les affinités et dans les répulsions, c'est toujours le désir qui entre en jeu ; c'est le désir qui, dans l'aimant, attire le fer doux ; c'est lui qui est cause de la cohésion comme de la désagrégation, de l'attraction comme de la répulsion : c'est une force à double effet dans la nature ; c'est le seul élément moteur. Quand cette force d'attraction émane de vous vers des objets extérieurs, on l'appelle désir ; vous désirez posséder ceci ou cela. Aussi longtemps que vous serez attiré ou repoussé par des objets extérieurs, vous êtes dans un état de conscience tel, que je vous comparerais volontiers au papillon qui vole, va, vient et revient, s'arrêtant successivement sur tels et tels objets, inconstant et errant. Mais quand, au lieu d'être influencé par le désir pour les choses extérieures, le même pouvoir est dirigé de l'intérieur, et non attiré par les objets extérieurs, qu'il est motivé par des expériences accumulées jugées par la raison, on l'appelle alors la volonté. Ce qui fait la différence entre un caractère faible et un caractère énergique, c'est que le premier est facilement attiré par tout ce qui est extérieur à lui, et l'on ne peut guère se fier à un tel caractère ; l'autre, au contraire, agit sous l'influence d'une expérience intérieure qui décide de l'attitude qu'il doit avoir vis-à-vis des objets, attrayants ou non, qui l'entourent ; on peut avoir toute confiance en un tel caractère.

Le désir, en nous, tend sans cesse à nous rapprocher de la chose qui nous attire pour la faire nôtre ; il y a attraction, comme entre un aimant et une barre de fer doux ; c'est le même pouvoir. La raison de cette attraction est que la même vie *une* existe en tous, et que les vies, séparées par les formes différentes dont elles sont revêtues, tendent sans cesse à s'unir ; tout dans la nature s'attire ou se repousse, que cela soit (pour employer les termes usuels), dans le monde animé ou dans le monde dit inanimé. Tout ce que vous désirez posséder est attiré vers vous par ce désir même, et cela peut se constater dans les limites de notre courte existence terrestre. Quand un homme a porté son désir sur un objet, il arrive assez fréquemment que celui-ci ne se trouve pas à sa portée immédiate ; une personne ayant le désir très vif de visiter un pays aura des chances, avant de mourir, de trouver l'occasion de réaliser son souhait à un moment donné. Et lorsque nous en venons à considérer le champ beaucoup plus étendu d'un grand nombre de vies, on peut alors en vérité se rendre compte de l'immense pouvoir de ce désir qui transporte l'homme là où ce désir sera satisfait, qui l'amène à l'endroit précis où il peut saisir l'objet auquel il aspirait. Le désir crée donc les occasions. Le désir attire à nous l'objet de nos convoitises et nous transporte à l'endroit où cet objet peut être atteint.

Telle est la seconde des trois lois subsidiaires qui nous donne cet avertissement : *soyez prudents dans le choix de vos désirs.* Afin d'illustrer cela d'un exemple, prenez le désir le plus commun, celui de l'argent ; voyez l'homme dont le plus grand souci est d'amasser une fortune colossale et, lorsqu'il la possède, il ne sait le plus souvent qu'en faire : survient alors le dégout de la vie ; la chose se rencontre assez fréquemment ; un tel homme a passé la plus grande partie de sa vie à acquérir la richesse et finalement il se décourage. Aussi longtemps qu'il peut établir un contraste entre sa pauvreté d'autrefois et la richesse acquise, celle-ci le réjouit. Mais quand il s'est graduellement habitué à voir tous ses désirs réalisés, il est alors blasé, plus rien ne lui sourit. C'est dans ces efforts, c'est même dans ce dégout que réside le secret de l'évolution. L'homme progresse par les désirs et, quand il atteint l'objet convoité, il le brise, le foule aux pieds, car rien ne peut plus le satisfaire.

C'est par ces choses futiles qui ont tant d'attrait pour nous que Dieu incite ses enfants à s'efforcer de développer les pouvoirs divins qui sont en eux. Les avantages de la vie sont utiles, non par la jouissance qu'ils procurent lorsque nous les possédons, mais par les efforts qu'ils nous ont obligé à faire dans le désir que nous avions de les atteindre. La perte du désir est la chose la plus funeste qui puisse exister pour le progrès de l'homme tant que la volonté d'agir selon la volonté de Dieu n'a pas remplacé le désir égoïste de la possession : l'homme tombe alors dans l'apathie, il devient inutile, il recule devant l'effort. Sachez que la désillusion attend tout homme qui s'attache aux choses extérieures et qu'il ne s'en délivrera qu'en s'identifiant avec son moi (lequel est divin). Cette vérité a été catégoriquement et splendidement exposée par George Herbert dans les vers suivants :

> *Lorsque Dieu créa le premier homme*
> *Il avait près de Lui une coupe remplie de bienfaits.*
> *Je veux, dit-Il, répandre sur l'homme tout ce que j'aurai de bon ;*
> *Que toutes les richesses éparpillées dans le monde*
> *En un instant se rassemblent pour lui.*
>
> *Ce qui en premier lieu descendit, ce fut la force.*
> *Puis la beauté, la sagesse, le pouvoir, les plaisirs.*
> *Lorsque presque tout fut épuisé, Dieu s'arrêta un instant.*
>
> *Puis Il s'aperçut que de tous ses trésors*
> *Seul le repos restait au fond de la coupe.*

> *Et Il se dit : Si je donnais aussi*
> *Ce joyau à ma créature*
> *Il adorerait mes présents et non moi-*
>   *même,*
> *Et le repos dans la nature, qui ne dépend*
>   *pas du Dieu de la nature*
>
> *N'est ni le repos, ni Dieu.*
>
> *Oui, qu'il garde le reste de mes trésors,*
> *Qu'il les garde jalousement,*
> *Qu'il soit riche et blasé pour que,*
> *Si la bonté ne peut l'émouvoir, le dégout*
>   *au moins*
> *L'incite à se jeter dans mes bras* [1].

Tout s'écroule, sauf ce qui est divin. Quand l'homme a essayé de tout et que tout lui manque, il cherche alors le Dieu qui est en lui et c'est à partir de cet instant qu'il trouve le repos et la paix.

III — LE BONHEUR OU LA MISÈRE QUE VOUS AUREZ EN PARTAGE DÉPENDENT DU BONHEUR ET DE LA MISÈRE QUE VOUS AUREZ DONNÉS À AUTRUI.

Selon votre conduite envers les autres, une réaction égale à l'action produite réagira sur vous. Cette loi explique une classe des problèmes de la vie que j'ai dû passer sous silence dimanche dernier. Il arrive fréquemment qu'un homme jouissant du luxe ait un mauvais caractère, et vous vous dite : « Comment se fait-il que cette personne soit comblée de richesses alors qu'elle possède un caractère aussi égoïste et aussi peu agréable ? » La vertu ne procure pas la richesse ; la récompense d'une vertu, ainsi que le dit si bien Tennyson dans l'une de ses poésies, se poursuit sans fin. Supposez qu'un homme fasse une action charitable, fasse don d'une forte somme d'argent, ainsi qu'on le fait généralement en Angleterre et en Amérique où une personnalité fait souvent présent d'un parc tout entier à une municipalité ou d'une somme très élevée pour construire un hôpital ; ce n'est pas toujours parce qu'il s'intéresse aux pauvres gens, mais parce qu'il espère obtenir un titre : en Angleterre, celui de baron ou de comte, ici, dans l'Inde, celui de roi ou de khan Bahadur. Qu'a fait au juste un tel homme et quel sera le résultat de son action ? Un certain nombre de pauvres gens en ont joui ; le parc est bienvenu de quelques milliers de pauvres ; à l'hôpital, des milliers de malades sont soignés. Eh bien ! Il en résulte que la récolte due à ces actes charitables se présentera sous forme d'un entourage physique offrant le confort, la richesse, le luxe ; un tel homme récolte ce qu'il a semé. De même que si l'on sème du riz, on récolte du riz, de même, si l'on sème le confort, on récolte le confort. Mais, me direz-vous, il n'a pas fait ces actions dans le but spécial de créer du bonheur, il a été guidé par un motif intéressé, pour un gain personnel ? Comment résoudre la question, comment son karma s'effectuera-t-il ?

Il s'effectuera dans le caractère. Dans sa prochaine incarnation, un tel homme sera égoïste, c'est-à-dire malheureux, en dépit du confort et du luxe dont il sera entouré. Cela parait être un paradoxe que d'avoir le confort et le luxe et de posséder un caractère aussi peu enviable ; pourtant, la loi a été appliquée. La nature a payé le plaisir physique qu'il a procuré par un plaisir physique, et, pour le sentiment égoïste qu'il aura exprimé, il revient avec un caractère d'égoïste qui le rendra malheureux même au milieu de son luxe.

Chaque loi œuvre selon ses propres lignes avec les conséquences inévitables qui s'y rattachent ; rien n'est oublié, rien n'est pardonné ; et toutes ces méthodes par lesquelles le karma est mis en application expliquent les paradoxes apparents de la vie humaine.

Comprenez bien ces trois lois et alors vous verrez qu'en les appliquant vous pouvez être le maître de votre destin. C'est par la pensée que vous construisez votre caractère ; par le désir vous créez les occasions qui vous aideront à vous rendre possesseur des objets que vous avez en vue ; votre bonheur physique, mental et moral, dépend du bonheur physique, mental et moral, que vous aurez fait autour de vous.

Étant données ces lois, étant donnée aussi, dans une certaine mesure, la façon dont il est possible de les appliquer, étudions-les encore plus à fond afin de pouvoir faire face aux quelques difficultés qui surgissent encore à l'esprit et font obstacle à la compréhension complète de cette théorie. Tous ces désirs, toutes ces pensées, toutes ces actions entremêlées, enchevêtrés les uns avec les autres, forment, bien entendu, une sorte de trame des plus complexes. Comment arriverons-nous à saisir la façon dont le passé tout entier devra influencer le présent, et comment ces principes pourront-ils nous aider à diriger notre conduite dans une voie plus sage ? Il y a danger à ne connaître cette loi que vaguement, car il en résulte une tendance à l'inertie et l'on risque de s'écrier : « Oh, c'est mon Karma ! » semblable en cela à l'ignorant qui demeure au bas de l'escalier en disant : « Puisque la loi de pesanteur m'attire vers le centre de la terre, je ne puis monter. »

La connaissance superficielle du *Karma* a été pour un grand nombre d'Hindous une cause de paralysie morale. Au lieu de comprendre que le Karma, comme toutes les forces de la nature, n'est pas une loi qui contraint, mais qui aide, ils s'abandonnent à l'inertie, s'imaginant qu'ils ne peuvent rien parce que cela serait « contre le Karma ». Ce n'est cependant pas la faute des anciens scripteurs qui l'ont exposé bien clairement. Rappelez-vous que Yudhishthira, étant allé voir Bhisma, le seigneur du Dharma, pour lui demander lequel était le plus important de l'effort présent ou des résultats passés, Bhisma entra dans une longue démonstration et lui montra que Karma, c'étaient les pensées, les actions, les désirs du passé. Lui ayant montré les brins de chanvre dont se compose la corde du Karma, il termina en disant que l'effort importe plus que la destinée. Comment cela peut-il être, alors qu'il y a tant de vies derrière nous ? Comment l'effort peut-il importer plus que la destinée, alors que nous avons généré dans le passé tant de causes innombrables dont nous devons récolter les effets dans le présent ?

Examinons la raison de cette théorie en ne considérant par exemple que les résultats de l'activité d'une seule journée.

Le soir venu reportez-vous aux pensées que vous avez eues pendant le jour et rendez-vous compte de leur nature ; elles ont sans doute été bien mélangées : les unes furent bonnes, les autres mauvaises ou incolores ; le résultat ou la balance est très faible, soit du côté du bien, soit du côté du mal. Il en est de même pour vos désirs : eux aussi ont été bien mélangés, quelques-uns ont été assez nobles et assez élevés, d'autres mesquins ou même grossiers ; mais la force de ces désirs ne s'est pas toujours exercée dans une seule et même direction ; de même en est-il pour vos actions, quelques-unes ont fait le bonheur de certaines personnes, et d'autres ont été malveillantes, si bien que, finalement, il y a à peu près équilibre de part et d'autre.

Appliquez cette façon de faire à tous les jours de vos vies antérieures et vous verrez que dans Karma, il n'y a pas un seul et même courant qui vous pousse en avant, mais qu'il existe une série de courants œuvrant dans des directions différentes ; il en est qui se neutralisent les uns les autres, en sorte qu'en fin de compte le résultat net est en général extrêmement faible. Un homme peut avoir pensé fortement, délibérément et de manière telle qu'une partie de son caractère peut être mauvaise ; en ce cas, par des pensées constantes dirigées dans une direction contraire à la première, il lui faudra détruire ce qu'il a fait. Dans la grande majorité des cas, c'est ce qui vous arrive ; un grand nombre de courants convergent sur vous, vous engagent vers des directions différentes et vous y mêlez aujourd'hui les pensées, les désirs et les actions du présent. Il en résulte parfois que la force du moment, pensée ou désir, se trouve être suffisante pour faire pencher tant soit peu la balance d'un côté ou de l'autre, et il ne faut pas oublier que, dans la balance du Karma, les poids ne se trouvent pas seulement sur un plateau, mais sur les deux. En réalité ces plateaux sont souvent si bien équilibrés qu'un rien peut les faire pencher. Voilà pourquoi Bhisma essayait de stimuler ses auditeurs à l'effort en leur disant que l'effort importe plus que la destinée. Vous avez dans le passé, pensé, désiré, agi, et dans le présent, parmi toutes ces pensées, ces désirs, ces actions, certains sont en votre faveur, d'autres contre vous ; c'est donc vous qui avez pensé, désiré et agi, qui devez ajouter les poids nécessaires pour faire pencher la balance soit d'un côté, soit de l'autre.

Il y a certainement des cas où le mauvais Karma est à ce point accumulé sur un plateau que les efforts actuels ne sont pas suffisants pour le faire remonter. Dans ce cas celui qui comprend le Karma devrait lutter contre le mal, de toutes ses forces, afin de diminuer l'influence du passé qui vous fait agir dans le mauvais sens et l'affaiblir ainsi pour l'avenir. Prenez l'exemple d'un homme qui, dans une autre existence, ayant toujours désiré des choses qui ne lui appartenaient pas, a dans sa vie actuelle une forte tendance à voler. Supposez maintenant qu'il se laisse aller à cette tendance quand elle s'impose à lui sous la forme d'une tentation puissante ; doit-il céder et dire : « Je ne puis m'empêcher de voler » ? Non, il doit lutter jusqu'au bout de toute la force de résistance dont il est capable. Il peut un instant faillir, retomber dans son crime, mais chaque effort qu'il aura fait contre, diminuera pour l'avenir la force du mal ; il peut faillir aujourd'hui mais il triomphera demain. La leçon qui se dégage de la connaissance du Karma est telle que, quelle que soit la tentation subie, nous devons lutter contre elle jusqu'à extinction complète de nos forces. Les hommes qui ne connaissent rien de vos efforts antérieurs jugeront sans doute sévèrement la dernière faute commise, mais la loi du Karma elle a inscrit ces efforts à votre avoir sur son grand-livre.

Prenons un autre cas, cas dont j'ai entendu souvent parler et où le Karma est mal appliqué, aussi bien en Orient qu'en Occident par des gens qui n'ont fait qu'effleurer le sujet, et qui ne comprennent pas son *modus operandi*.

Lorsqu'une personne se trouve dans l'embarras ou malade, on se contente de dire : « C'est son Karma, pourquoi lui viendrais-je en aide ? » Il y a autour de nous toutes sortes de maux et de souffrances qui sont en effet les résultats du Karma, mais ce n'est pas une raison qui doive nous empêcher d'y remédier. Les mauvaises pensées, les mauvais désirs, les mauvaises actions ont généré la souffrance, mais cela ne veut pas dire que nous devions nous abstenir, en ce qui nous concerne, de bonnes pensées, de louables désirs, de nobles actions qui transformeront la souffrance en joie. De même qu'aujourd'hui dépend en grande partie d'hier, demain dépendra d'aujourd'hui. Obéiriez-vous même à un sentiment égoïste, vous devriez aider ceux qui souffrent du fait de leur Karma, sans quoi vous vous préparez un Karma qui fera le vide autour de vous lorsque vous aurez besoin d'être aidé. Lorsqu'un être humain vous crie sa souffrance, vous n'avez pas à lui répondre qu'il l'a méritée parce qu'il a commis des fautes qu'il doit expier, votre devoir est de l'aider. Il est vrai que la justice divine régit le monde et que personne ne peut souffrir à moins qu'il ne l'ait mérité, mais nous qui sommes aveugles, laissons entre les mains divines qui dirigent le monde le soin d'appliquer une loi de nature qui inflige la souffrance, laissez le sceptre de la justice à Dieu qui, seul, sait s'en servir équitablement et ne soyez, vous, pour les malheureux, que des messagers de l'amour et de la miséricorde de Dieu. Sachez que si la loi exige qu'un homme souffre, tout ce que vous tenterez sera inutile pour prévenir la souffrance ; mais, par contre, il est fort possible que vous soyez précisément ceux qui sont appelés à apporter le soulagement à celui qui souffre et avec lequel, peut-être, vous êtes *karmiquement* liés. Refuserez-vous d'être l'agent de la loi qui place le malheureux sur votre chemin pour que vous lui veniez en aide ? Prendre prétexte d'une loi mal comprise pour excuser notre sévérité, notre égoïsme, notre indifférence, c'est blasphémer contre la justice et augmenter ainsi, d'une faute, la somme d'erreurs commises ; quand sonne l'heure de la rétribution et de la souffrance, celui qui a blasphémé de la sorte ne verra aucune main se tendre vers lui pour le secourir. Tel est le *Karma* qui vous attend si vous n'avez nulle pitié pour votre frère malheureux.

Cette erreur vient de ce que la loi n'est pas comprise comme elle devrait l'être ou qu'elle l'est insuffisamment ; l'on ne se rend pas compte alors de la manière dont elle fonctionne. S'il entre dans le Karma d'un homme d'avoir à subir un évènement quelconque, vous ne pourrez empêcher cet évènement ; la nature n'ayant nul besoin de vos services pour assurer le fonctionnement des lois, laissez donc la loi s'exercer librement, mais il n'empêche que notre devoir est dans l'action : agir et secourir sont toujours choses possibles bien que nous ayons toujours à compter avec la loi : Si le Karma de ceux que nous voulons aider neutralise nos efforts, nous n'avons alors qu'à nous soumettre.

L'homme qui ne sait rien de tout cela agit quelquefois avec plus d'efficacité que celui qui interprète mal cette théorie de Karma. Il peut arriver en effet, qu'un Anglais qui ignore complètement cette loi, s'acharnera contre un obstacle et cela, si bien, que l'obstacle cédera, tandis qu'un Hindou ne connaissant le Karma qu'imparfaitement s'immobilisera et se découragera en présence du même obstacle, ce dont il souffrira. La situation de l'un vaut celle de l'autre : toutes deux sont mauvaises ; il est aussi nuisible de ne pas connaître la loi que de la connaître incomplètement, car la faible idée qu'on s'en fait paralyse les efforts. Il faut l'apprendre parfaitement et apprendre aussi à l'appliquer. Son exposé tout entier, pour les Hindous, se trouve dans les *Shastras*, malheureusement oubliés depuis longtemps, ce qui fait qu'on a aujourd'hui perdu le vrai sens de ces Écritures.

Supposez que nous appliquions la loi de Karma à quelques-uns des problèmes que j'essayais de résoudre la semaine dernière. Prenez par exemple l'enfant que la mort sépare de ses parents ; aujourd'hui notre cas ne sera plus celui d'un petit enfant, mais d'un jeune homme, d'un fils unique, décédé subitement à l'âge de dix-sept ou dix-huit ans. Désespérés, ses parents vinrent me trouver en me disant : « Pouvez-vous nous expliquer comment il se fait que le Karma abandonne de malheureux enfants à des parents pauvres qui ne les aiment guère et peuvent à peine subvenir à leurs besoins, alors qu'il nous sépare d'un fils que nous adorions, que nous pouvions entourer de tous les avantages que la vie procure ? » De pareilles questions sont souvent posées, et, pour répondre à celle que je viens de vous citer, il me fallut remonter au passé des parents, rechercher comment et pourquoi le Karma les frappait ainsi d'une si douloureuse manière. Ceux-ci, dans une incarnation précédente, s'étaient épousés et, de leur union, trois ou quatre enfants étaient nés. Le frère de l'un des deux époux étant venu à mourir, il laissait un enfant, orphelin, n'ayant d'autres parents que son oncle et sa tante. Laisser l'enfant sans secours était chose inhumaine et impossible : aussi le prirent-ils avec eux. Mais loin de se montrer bons pour lui, ils en firent leur domestique, le nourrirent mal, le traitèrent durement, si bien que le malheureux orphelin mourut vers l'âge de dix-sept ou dix-huit ans, le cœur brisé à la suite des mauvais traitements infligés, alors que, de tempérament affectueux, il avait tant besoin de tendresse. Or, c'est lui-même qui leur revint, comme fils unique ; sur sa tête ils avaient placé toutes leurs espérances, l'entourant de tout leur amour ; le Karma le leur enleva précisément à l'âge où il était mort dans sa précédente incarnation, et le foyer, derrière lui, devint un désert.

C'est ainsi que le Karma opère, et l'on ne peut y échapper : la Nature ne pardonne pas ; mais, par la connaissance, vous pouvez triompher du jour où vous aurez appris à équilibrer une force contre une autre, à neutraliser le mal fait dans le passé par le bien accompli dans la vie présente.

En étudiant de la sorte le *modus operandi* de la loi, vous en arriverez peu à peu à envisager la vie sous un angle vraiment scientifique. Vous ne vous plaindrez plus, sachant que vous êtes le propre créateur de votre destinée, de vos souffrances comme de vos joies. L'homme de science qui subit un échec au cours de ses expériences n'accuse que lui-même et non la nature, car s'il avait disposé ses appareils comme ils doivent l'être, il aurait réussi, la nature ne nous trompant jamais ; si l'expérience ne lui donne pas ce qu'il en attendait, il sait que la faute lui en incombe et il recherche la cause de son erreur.

C'est de la sorte que la connaissance de Karma peut influencer notre conduite. Il se peut que nous ne sachions pas toujours pourquoi un évènement déterminé survient, mais nous savons du moins qu'il ne surgit pas sans raison, ni sans cause et nous nous arrangerons immédiatement de façon à faire face, de notre mieux, aux résultats du passé, pour que, de la souffrance présente, nous tirions une leçon grâce à laquelle nous nous préparerons, pour l'avenir, une destinée qui nous soit plus favorable.

Mais, me direz-vous, ce Karma est un problème philosophique bien complexe et vous ne pouvez espérer le rendre accessible aux masses. Aux Indes la chose n'est pas impossible, le moindre paysan que vous rencontrerez travaillant dans les champs vous dira dans un langage simple ce que c'est que le Karma ; il sait que c'est lui-même qui a fait sa vie d'aujourd'hui telle qu'elle est, il sait qu'il prépare à présent sa vie future. Un Hindou et un Anglais s'entretenaient un jour sur le Karma et l'Anglais en vint à dire : « Le peuple ne pourra pas le comprendre, ce n'est pas là un sujet qui soit accessible aux ignorants. » Ils passaient au même moment non loin d'une maison où un groupe de coolies et de maçons travaillaient. L'Hindou répondit à notre Anglais : « Demandez à l'un de ces hommes pourquoi vous êtes ce que vous êtes et ce qu'il est, lui ». – « Il ne comprendra pas ». – « N'importe, essayez. » L'Anglais s'approcha donc d'un coolie et lui demanda : « Comment se fait-il que je sois riche et indépendant, alors que vous êtes, vous, obligé de travailler par cette chaleur accablante ». – « Parce que, répliqua le coolie, vous avez dans le passé mérité la situation que vous occupez aujourd'hui et moi, la mienne. Si je me conduis bien dans cette vie, je serai riche et heureux à mon tour dans ma prochaine existence ; si vous vous conduisez mal dans votre vie présente, vous serez dans votre prochaine incarnation pauvre et malheureux. » Pour ce simple coolie, c'était donc, d'après lui, le Karma qui régit la vie et le travail de l'homme. Il n'aurait pu naturellement vous en parler comme je l'ai fait aujourd'hui, en employant des termes et des arguments philosophiques ; mais il en connaissait les principes généraux, et il réglait sa vie en conséquence ; il n'avait aucune connaissance des assertions scientifiques à ce sujet, mais il savait que les effets de la conduite ont une répercussion sur les vies successives que l'homme est appelé à traverser. Rien ne gouverne la vie des hommes aussi rigoureusement bien que cette loi du Karma. J'ai, il est vrai, signalé que la compréhension imparfaite du Karma paralysait souvent les efforts ; mais, pour remédier à cet inconvénient, il ne faut pas détruire la connaissance que l'on en peut avoir, si faible qu'elle soit, il faut au contraire la développer, montrer qu'elle est un stimulant pour l'action, parce qu'elle confère le pouvoir.

Il y a, au sujet du désir, une difficulté susceptible de nous frapper ; d'après ce que je vous en ai dit, il semblerait être soumis à notre contrôle. Comment estimer la valeur de nos désirs et choisir ceux qui nous donneront satisfaction, choisir les objets qui devront être les nôtres, choisir le sort dont nous jouirons ? Nous éprouvons des besoins, donc nous désirons. Comment aimer ceux que nous repoussons et repousser ceux que nous aimons ? Vous ne pouvez directement changer le désir par le désir ; vous ne pouvez dompter un désir par un désir, et cependant vous n'êtes pas impuissant.

Toute activité se compose de trois parties :

- Le désir ;
- La pensée ;
- L'acte.

Une fois encore, je le répète, c'est la pensée qui vous viendra en aide. Vous vous apercevrez qu'en laissant libre cours à certains de nos désirs, ceux-ci n'aboutiront qu'à des résultats peu satisfaisants pour vous ; vous vous apercevrez que vos désirs physiques, comme la tendance à bien manger et à bien boire, sont trop intenses et vous vous rendrez compte que vous ne pouvez les éteindre directement, mais que, par la pensée, vous pouvez les transformer. Étudiez-vous et cherchez quels sont les désirs auxquels vous êtes le plus enclin et qui, pour vous, peuvent être cause de souffrance. Prenons par exemple la gourmandise ; vous aimez les mets délicats et en mangez plus que de raison. Eh bien ! Dites-vous – non pas au moment de la jouissance – mais lorsque vous êtes calme et d'humeur à réfléchir : « Qu'arrivera-t-il si je cède à ma gourmandise ? Je deviendrai peu à peu trop gras et impotent, je troublerai mes digestions et tomberai malade. Il me faut donc étouffer ce désir, puisque, en un laps de temps indéterminé, il ne peut me conduire qu'à la souffrance. » Dès l'instant où vous avez cette pensée, vous commencez déjà à réfréner le désir. En vous faisant mentalement un tableau des résultats désastreux que produira votre vice, vous ferez naître le dégout et, délibérément, vous prendrez la résolution de ne plus obéir à un désir passager pouvant être la cause d'une longue vie de souffrance. Voilà donc comment il vous est possible, par la pensée, de maitriser le désir et de le transformer. Choisissez bien vos désirs, faites-le méthodiquement sans perdre de vue les résultats qu'ils peuvent avoir. Ayant une roupie à dépenser, vous pouvez hésiter entre l'achat d'un livre et un bon diner : vous ferez mieux de ne dépenser que deux ou trois annas pour le dîner et de garder le reste pour le livre, car celui-ci vous reste, alors que le diner est bien vite terminé et le plaisir que vous y avez trouvé, tôt oublié. Étant une créature raisonnable, un choix judicieux dicté par la pensée sera l'arme qui vous servira à lutter contre le désir dont la réalisation ne peut qu'engendrer de la souffrance pour l'avenir.

Il ressort nécessairement de tout cela que votre vie ne sera plus désormais vide et superficielle, que la pensée et la réflexion au contraire domineront sur elle et sur tous les mauvais sentiments possibles ; et vous tous, hommes et femmes, vous tous humains, vous ne pouvez vivre comme des brutes n'agissant que sous l'impulsion des passions et des désirs, sans s'inquiéter de l'avenir. Le nom d'homme que vous portez implique l'idée de pensée, car la racine d'où vient le mot homme, dans les langues européennes, dérive du mot sanscrit « *man* » qui signifie : penser. De par l'étymologie même de votre nom vous êtes des penseurs, autant par la place que vous occupez dans l'évolution, que par le degré auquel vous êtes arrivé sur l'Échelle de Vies.

Pour ceux qui raisonnent, qui pensent, qui délibèrent, la connaissance est absolument nécessaire car la raison ne peut s'exercer qu'autant que l'homme possède des éléments qui lui permettent de comparer, de peser, de juger ; c'est pourquoi il est indispensable pour vous d'étudier la loi et, lorsque vous la comprendrez, d'agir dans son sens.

Tel a été aujourd'hui l'objet de ma conférence : je vous ai présenté la théorie du Karma selon les trois divisions qu'elle comporte : désir, pensée et action.

Au lieu de vous révolter contre le sort qui vous est dévolu, tentez plutôt de devenir ce qu'il faudrait que vous fussiez. Les pensées nettes, nobles et fortes peuvent être l'apanage de l'homme et de la femme ; si dans le monde physique, les choses ne se présentent pas toujours selon votre gré, recherchez-en les causes et, les ayant trouvées, essayez d'en modifier les effets ; cela vous est aussi possible avec le caractère, les désirs et les actions sur lesquels vous pouvez exercer le pouvoir créateur de la pensée tout en vous rendant compte que, de votre attitude envers autrui, dépendent le bonheur et le malheur de vos vies successives. Connaissant la loi pour l'avoir étudiée à fond, agissez en connaissance de cause et en être raisonnable ; créez-vous une destinée meilleure, un avenir plus noble. N'oubliez jamais que la pensée est un véritable pouvoir créateur qui peut édifier ou transformer le caractère et que celui-ci est le facteur le plus important de votre bonheur. Un caractère noble, ferme, évolué, est le présage d'une grande destinée dans l'avenir ; c'est à vous qu'il appartient de tramer cette destinée et, quant au choix à faire, mes amis, c'est de vous qu'il dépend, il est entre vos mains.

---

1. Ces vers sont cités de mémoire et ne pouvant les vérifier je m'excuse ici des erreurs qui auraient pu s'y glisser. (*Note de l'Auteur.*)

LA VIE DE L'HOMME DANS LES TROIS MONDES

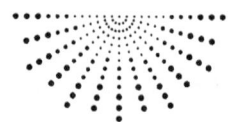

Nous voici parvenus au terme de ce cycle de conférences et j'ai pour dessein, aujourd'hui, de vous exposer la vie de l'homme, non dans notre seul monde physique, mais dans les trois mondes dont nous dépendons.

Avant d'entrer dans le vif de la question, permettez-moi de vous rappeler un point qui a son importance. Il est, parmi certaines classes d'individus, une croyance qui consiste à s'imaginer que l'homme n'est simplement que ce qu'il nous parait être ici-bas, c'est-à-dire : un être dont la vie se limite à l'intervalle de temps qui sépare la naissance de la mort, un être n'ayant aucun lien avec d'autres mondes ni avec la conscience se rattachant à ces mondes ; or, il importe de remarquer que cette croyance n'apparait qu'à des périodes bien déterminées de l'histoire du monde, que cette phase de la pensée humaine n'est jamais visible dans une civilisation jeune et forte ; elle est au contraire visible lorsqu'une civilisation atteint son apogée et que celle-ci devient avide de luxe, de plaisirs, lorsque les jouissances matérielles dominent sur la vie intellectuelle, lorsque « la vie à grandes guides » (pour employer l'expression accoutumée) usurpe les droits de la pensée ; et c'est à partir de cette période que survient la décadence, que la civilisation tend vers une chute rapide.

Lord Bacon, dans l'un de ses célèbres *Essays*, signale le fait et observe que les époques où l'athéisme est en honneur se placent toujours en temps de paix. Je ne sais s'il se serait exprimé de la même façon au sujet de la France après la Révolution ; nous devons nous rappeler que le règne de la Terreur s'établit aussitôt après la proclamation qui reconnaissait l'existence d'un Être divin ; l'on ne peut donc rendre la pensée philosophique, si sceptique qu'elle ait été, responsable du sang qui fut versé à cette époque.

Il est certain que le matérialisme apparait toujours au moment où une civilisation atteint son apogée ; apogée qui précède la décadence ; dans un sens général, il semble bien que l'homme physiquement et moralement sain n'ait jamais songé à se considérer comme un être limité à une seule vie physique ; mais, quand le corps l'emporte sur l'esprit, quand les sens l'emportent sur la raison, une vie de luxe et de débauche surgit et c'est alors que renait cette croyance que l'homme n'est pas immortel.

Nous devons en outre remarquer que c'est toujours au sein de cette civilisation devenue matérialiste que l'on trouve l'embryon d'une nouvelle civilisation, civilisation destinée à remplacer celle qui tend à disparaître.

Avant même que sa puissance ne décrût, l'Empire romain vit le matérialisme le gagner, mais déjà, au milieu de cet Empire voué à la décadence, naissait cette foi nouvelle qui, un peu plus tard, devait être le Christianisme.

Il est aisé de s'apercevoir, si l'on consulte l'histoire, que c'est toujours au moment où les peuples commencent à perdre leur foi dans les vérités spirituelles, qu'un nouvel influx émane du royaume spirituel, si bien que l'embryon de la nouvelle civilisation se forme dans le corps agonisant de l'ancienne.

Des événements de ce genre ont lieu de nos jours. Reportez-vous aux trente dernières années du siècle dernier et vous constaterez l'importance prise par une phase d'incrédulité, phase au cours de laquelle la science devint sceptique alors que ses découvertes mêmes la plongèrent de plus en plus dans le matérialisme. Tandis que la religion, menacée par les dangers qui l'encerclaient, marchait à la décadence, la littérature et les arts, de leur côté, n'avaient plus, pour les représenter, que des imitateurs serviles et non plus des artistes, des créateurs.

LES LOIS FONDAMENTALES DE LA THÉOSOPHIE

Plus que partout ailleurs, c'est surtout en France que le matérialisme triomphait et c'est en cette contrée que la littérature et les arts eurent le plus à souffrir, l'une devenant malsaine, les autres indécents au point que sur tous les murs, d'ignominieuses affiches reproduisaient des faits malpropres. Par contre, de nos jours, surgit dans le monde une nouvelle impulsion de vie religieuse et, avec elle, une tendance à créer de nouvelles écoles dans le domaine des arts, tendance dont il est possible de se rendre compte dans les efforts que l'on tente actuellement en peinture, en sculpture, et particulièrement en musique.

Chaque fois qu'une nouvelle impulsion de vie spirituelle a lieu, l'artiste cesse d'être simple imitateur pour redevenir créateur.

De nouveau, une autre civilisation se prépare et, bien que la présente civilisation soit en décadence, l'humanité, comme par le passé, n'en continuera pas moins sa marche ascendante sous l'impulsion de joies nouvelles, destinée qu'elle est à se parer d'un glorieux et éclatant manteau.

De nombreux signes font actuellement prévoir, en tous lieux, la renaissance de la religion ; déjà, et formellement, l'on commence à déclarer que, en dehors du point de vue religieux, l'homme possède une conscience beaucoup plus étendue que celle qu'on lui avait attribuée jusqu'ici, qu'il est relié à des mondes autres que le monde physique, que, tout en vivant sur terre, il est en contact avec des sphères invisibles, impondérables pour nos sens physiques d'aujourd'hui. Je ne pense pas seulement à la Société Théosophique ; en parlant ainsi, je pense au mouvement plus étendu qui se produit dans le monde entier et que nous appelons : « mouvement théosophique ». Les psychologues ont une tendance très marquée à étudier tout spécialement le mécanisme de l'âme humaine dans ses diverses manifestations hors du cerveau ; ils soupçonnent l'existence de mondes dont nous commençons à avoir vaguement conscience sans toutefois les percevoir ou les comprendre. Cela n'a-t-il pas été pressenti par des personnalités éminentes, sir Oliver Lodge par exemple ? Cela n'a-t-il pas été affirmé définitivement par Frederik Myers qui, lui, parle d'une conscience planétaire et cosmique ; par la première, il entend une conscience n'ayant de contact qu'avec notre planète, notre terre, et fonctionnant par l'intermédiaire du cerveau ; par conscience cosmique, il entend une conscience s'étendant au delà du globe terrestre et en relation étroite avec une vie plus profonde aux horizons à la fois plus nouveaux et plus vastes que les nôtres. Myers va plus loin encore, dans son célèbre ouvrage : *La Personnalité Humaine*, il avance que, dans ces dernières années, de nombreuses allusions ont été faites au sujet de la conscience de l'homme et d'après lesquelles l'être humain, dans le cercle de sa conscience planétaire, commencerait à développer non seulement la connaissance d'une planète, mais d'un cosmos ; en outre, cette extension particulière de la conscience aurait été un adjuvant très important pour le rehaussement de la religion, des arts, de la poésie, en un mot, du Beau, tous ces domaines ayant, jusqu'alors, été négligés par le matérialisme. Myers cite aussi la théorie d'un matérialiste français d'après lequel le but de l'évolution, pour l'homme, n'est autre que la conquête du monde physique, celui-ci devant être soumis à sa volonté ; tout ce qui ne tend pas à ce but unique n'est qu'une chose secondaire, un accessoire. Ainsi qu'on ne l'ignore pas, il arrive, dans les usines, que, au cours de la fabrication d'un produit, d'autres produits qu'on n'avait pas eu l'intention de fabriquer, apparaissent ; ce sont là des produits secondaires. La même chose se passe au cours de l'évolution, dit le livre de Myers, au sujet du matérialiste en question. Le but de l'évolution, pour l'homme, est la conquête de cette planète par des moyens physiques et, tout ce qui, en dehors de cela, apparait chez l'homme, n'est qu'un produit secondaire ; parmi ces produits secondaires il classe la religion et les arts, puis il énumère toutes les caractéristiques de l'*homme vrai*, qui font de celui-ci quelque chose de plus que le roi du règne animal.

Si nous possédons un système nerveux très délicat capable seulement de nous mettre en contact avec le monde physique et si nous n'avons rien d'autre, de mieux ,qui puisse, par des moyens analogues nous faire avoir conscience d'autres mondes, si notre conscience ne dure que l'espace d'une vie terrestre, il devient difficile, sinon impossible, d'admettre cette théorie matérialiste citée par Myers ; en ce cas, en effet, tout est illusoire, imaginaire, irréel, rien ne peut nous être de quelque secours dans le processus évolutif, toutes choses n'étant que des produits secondaires, l'homme devant en outre appliquer tous ses efforts à la conquête de ce monde, le seul qui puisse lui appartenir. Si cela est, la vie humaine devient misérablement vide de sens, car ce qui rend la vie digne d'être vécue, ce qui élève l'homme au-dessus de la tyrannie des circonstances, ce sont précisément ces produits secondaires. On peut perdre la fortune, la santé et tout ce qui se rattache au corps physique sans que les fonctions intellectuelles cessent de subsister ; aussi longtemps que la religion, l'imagination créatrice, les arts, la littérature, nous restent, la vie vaut encore la peine d'être vécue car ces éléments ne dépendent ni de la richesse, ni des gens qui nous entourent, ni des circonstances : ce sont là des trésors bien individuels, bien intimes, bien intérieurs, que nul ne peut dérober : ils sont d'un monde que la destruction n'atteint pas : d'eux seuls dépend le bonheur de l'homme car ils tendent vers des mondes indestructibles où la mort est inconnue.

―――

Considérons d'abord ce qui est réellement la vie de l'homme dans le monde physique. Là, l'homme possède une conscience, un « Moi » vivant, pensant, agissant, doué d'une volonté. C'est l'homme vrai.

Comment cette conscience est-elle amenée en contact avec le monde physique ?

Par des moyens indirects, par l'intermédiaire d'un mécanisme emprunté à la matière du monde physique, constitué d'organes particuliers à l'aide desquels la conscience peut s'exprimer. Pensez à cette malheureuse Américaine, Helen Keller, qui devint sourde, muette, aveugle et n'ayant plus, pour communiquer avec le monde physique, que les sens du toucher, du gout, de l'odorat ; quelles impressions enregistre-t-elle relativement au monde extérieur ? La conscience n'est-elle pas pour ainsi dire emprisonnée, exclue du monde dans lequel nous vivons ?

L'usage du corps physique et sa perfection dépendent en grande partie de son contact avec le milieu pour la connaissance duquel il a été édifié afin d'amener votre conscience, votre personnalité, en rapport avec ce qui vous entoure. Chaque pas en avant, sur le chemin de l'évolution, est destiné à faire du corps physique un instrument plus parfait qui permette à la conscience de mieux s'exprimer dans le monde qui lui est extérieur ; c'est en cela que consiste sa valeur et c'est ce dont il se faut bien pénétrer si l'on désire comprendre les rapports existant entre l'intelligence et le corps qui la revêt.

Nous possédons ici-bas cinq sens, mais le proverbe, – comme nous aussi, théosophes, – avance que nous en avons sept, les deux derniers devant être développés dans le cours de l'évolution physique qui nous reste encore à parcourir, ces deux sens devant faciliter les relations de la conscience avec le monde extérieur. La Théosophie affirme que ces deux sens fonctionneront par l'intermédiaire de deux petits organes placés dans le cerveau que la science ordinaire considère comme étant les vestiges d'organes qui, autrefois actifs, se sont atrophiés, et ne peuvent plus désormais être d'aucune utilité ; ce sont le corps pituitaire et la glande pinéale. Nous déclarons, non par une simple théorie, mais d'après de nombreuses observations et expériences, que ces deux organes ne sont pas seulement des vestiges, mais des organes à l'état rudimentaire qui doivent être développés dans l'avenir. Nous ne nions pas que la glande pinéale ait été autrefois un « troisième œil », nous l'admettons même complètement ; mais nous disons que cet organe a une autre fonction à remplir dans l'avenir, fonction qu'il remplit déjà chez certaines personnes qui en ont hâté artificiellement l'évolution. Ce développement sera normal et universel pour tous, au fur et à mesure que la race évoluera.

La glande pinéale est réellement l'organe par lequel la pensée se transmet d'un cerveau à un autre, organe qui permettra à l'être humain de se mettre en contact avec les courants de pensée qui circulent constamment dans le monde, de les recevoir et de les utiliser ; et, de même que l'œil reçoit aujourd'hui les vibrations éthériques qui permettent la vision et que nous appelons : lumière, de même, dans l'avenir, c'est par l'intermédiaire de la glande pinéale qu'on percevra les vibrations générées par la pensée et les utilisera pour communiquer dans le domaine de la pensée.

Le corps pituitaire, lui, a une autre fonction. Il est l'organe grâce auquel il nous est possible de communiquer avec le monde astral. Quand il est mis en activité par la méditation, il fonctionne dans le cerveau humain, un pont s'établit alors entre la conscience sur le monde physique et la conscience sur le monde immédiatement supérieur au nôtre : le plan astral.

À l'état de veille, vous vivez simultanément sur ces deux mondes, et, dans le sommeil, vous quittez le monde physique pour entrer dans l'astral. Si le corps pituitaire fonctionnait librement, vous conserveriez le souvenir de tout ce que vous faites dans le monde astral – dans le sommeil, diriez-vous – et cela de la même façon que vous conservez aujourd'hui la mémoire de ce que vous avez fait hier. Cet organe du cerveau physique, le corps pituitaire, est en voie d'évolution ; il est si prêt d'entrer en fonction que, au temps présent, un faible stimulant suffit pour le mettre en activité. Le corps pituitaire est l'organe du plus prochain sens, que nous ayons à développer ; il permettra à l'homme de connaître d'une façon exacte, et dans sa conscience physique, ce qu'il ne perçoit encore que confusément ;

l'homme doué de ce sens verra l'autre monde comme il voit actuellement le monde physique ; les consciences physique et astrale deviendront une seule conscience ; toutes deux fonctionneront dans les corps physique et astral comme s'il n'existait qu'une seule et même conscience.

En vous parlant ainsi, je me suis écartée tant soit peu du point sur lequel je désire m'arrêter tout spécialement pour quelques instants. Votre corps physique est donc l'instrument qui vous met en contact avec le monde physique ; chaque organe qu'il a développé est relié à un certain ordre spécial de vibrations dans le monde extérieur. Dans un article publié dans la *Fortnightly Review* de 1891, je crois, le professeur Crookes fait ressortir que notre connaissance du monde extérieur dépend de nos sens, et que si l'œil était modifié, le monde entier se transformerait pour nous. Or, l'éther vibre dans l'œil grâce aux vibrations que nous appelons lumière, et M. Crookes suggère que l'œil pourrait tout aussi bien vibrer sous l'influence d'ondes électriques, répondre à leurs vibrations comme il le fait pour les vibrations de la lumière. Il décrit ensuite quel serait l'aspect du monde aux yeux d'un homme dont l'œil serait plus sensible aux ondes électriques qu'aux ondes lumineuses ; il montre combien le monde serait totalement différent. Ce n'est là qu'un exemple pour faire comprendre la différence qui pourrait se produire dans la conscience si un léger changement survenait dans les organes des sens ; et si nous voulons bien ne pas oublier que nous sommes toujours en voie d'évolution, que celle-ci est loin d'être terminée, vous comprendrez aisément qu'il est possible, et même plus que probable, que des changements comme ceux que j'ai indiqués soient sur le point de se produire ; c'est d'ailleurs un fait avéré que ces changements se sont déjà effectués chez un certain nombre, toujours croissant, de gens cultivés et entrainés de la grande cinquième Race-Racine, la race aryenne actuelle [1].

Jusqu'à présent, en ce qui concerne du moins le corps physique, nous nous sommes tenus sur un terrain scientifique ordinaire, en y ajoutant toutefois la prévision de l'avenir.

Poursuivons et considérons le monde des rêves. Ici encore, point n'est besoin de quitter le terrain scientifique qui nous offre une base sûre, d'autant plus que la science a fait, dans ces dernières trente années, de nombreuses investigations dans le domaine des rêves. Elle a d'abord dirigé ses études sur les effets du rêve résultant d'un attouchement exercé sur le corps d'une personne endormie. Un grand nombre de ces expériences sont décrites dans la *Philosophie du Mysticisme*, de du Prel, livre digne d'attention. Il a été reconnu, par l'expérience, qu'un grand nombre de personnes pouvaient être transportées dans un état de rêve rien que par le fait de les toucher. En un cas particulier, la nuque fut touchée, et, en se réveillant, le sujet raconta le rêve qu'il avait eu. Dans ce rêve, il s'était vu commettre un crime pour lequel il avait été jugé ; il s'était vu passer en cour d'assises, avait entendu le réquisitoire dressé contre lui et le verdict du jury qui l'avait condamné à mort ; il assista à son incarcération dans la cellule, des condamnés à mort, il s'en vit extrait pour être conduit à la guillotine où il sentit qu'on le liait ; finalement « le couperet, dit-il, tombait sur moi quand je m'éveillai ».

De nombreuses expériences de ce genre sont relatées dans ce livre, et on peut y ajouter celles que quelques-uns d'entre nous ont pu tenter personnellement. La force et la richesse du rêve dépendent de l'imagination du sujet et aussi de l'intensité de sa pensée. Un jour, en Australie, de l'eau ayant été répandue sur la tête d'un colon peu civilisé, celui-ci se leva brusquement et se précipita en dehors de sa tente, croyant qu'un orage terrible se déchainait sur la région. Mais il n'y avait point d'orage. La même expérience fut laite sur un homme cultivé, mais celui-ci eut un rêve où se déroulaient devant lui des scènes variées que provoque ordinairement l'orage. Plus l'imagination est riche, plus le rêve sera documenté, même lorsqu'il est ainsi suggéré. Dans tous ces cas, le sujet s'éveillait et racontait son rêve ; c'était là une façon d'expérimenter bien simpliste, aussi essaya-t-on d'influencer le sujet, d'une manière plus intéressante. Pour cela, on le plongea dans un sommeil hypnotique, moyen qui permet d'accéder à la conscience de l'homme pendant qu'il rêve et de la questionner sur ce qu'il voit ou ce qu'il fait. Mais alors se pose une question intéressante, non pas tant pour les résultats donnés par des rêves suggérés ou causés par l'état de transe provoqué artificiellement, que pour ceux provenant d'un rêve normal sans aucune suggestion. Dans ces dernières expériences, des phénomènes d'un autre genre furent constatés. Myers a relaté des cas où un homme rêvait d'une chose qu'il voulait connaître, et qu'il ignorait à l'état de veille. Dans cet ordre de phénomènes, il cite un fait remarquable au sujet d'une lacune dans un hiéroglyphe qu'un archéologue cherchait à déchiffrer depuis longtemps sans y parvenir. Une nuit, un ancien prêtre apparut au savant et lui fournit les explications dont il avait besoin pour résoudre le sens du signe hiéroglyphique. De nombreux cas existent dans lesquels une connaissance quelconque ne peut être obtenue à l'état de veille, et vient à l'esprit quand la conscience agit indépendamment du cerveau et que celui-ci est endormi.

Les observations ont été poussées plus loin encore. Une personne peut prévoir un évènement et prendre ses dispositions en conséquence.

Un cas de ce genre s'est présenté tout dernièrement. Vous savez qu'un navire, venant de l'Australie, le *Waratah*, est considéré comme s'étant perdu en mer. À bord, se trouvait un passager dont l'ami, qui est en Angleterre, nous a raconté l'histoire. Un soir, dans la cabine du voyageur, apparut un homme ayant en mains un morceau d'étoffe taché de sang et un sabre ; le fantôme plaça le sabre entre le morceau d'étoffe et le passager ; cette apparition eut lieu trois fois. Ce rêve ne parait pas particulièrement significatif, et cependant il eut son effet : le passager, effrayé, quitta le bateau à Durban. La quatrième nuit après qu'il eut débarqué, ce passager rêva que le bateau luttait au milieu d'une mer en fureur, puis il le vit soulevé par de grosses vagues tourner sur lui-même et sombrer. On n'espère plus voir revenir ce bâtiment, les assureurs ont payé la prime, considérant le navire comme définitivement perdu.

Ce fait présente des points dignes d'intérêt ; l'avertissement transmis au passager, l'effet produit sur celui-ci, et le rêve du naufrage survenu par la suite.

De nombreux cas de rêves prémonitoires ont été enregistrés, et vous pouvez les étudier si vous le désirez. Que nous indiquent-ils ? D'après ceux dont la conscience fonctionne librement, avec ou sans l'intermédiaire du cerveau, ces phénomènes démontrent l'existence d'un autre monde interpénétrant le monde physique, un monde matériel dont la matière est toutefois plus subtile que la matière physique ; ces phénomènes prouvent en outre que l'homme possède un corps dont la matière subtile interpénètre la matière plus grossière du corps physique et pouvant prendre contact avec un autre monde.

Ce corps est véritablement un second vêtement

de l'âme, composé de la matière de ce milieu immédiatement supérieur au monde physique, que nous appelons : le monde astral. De même que le véhicule physique, c'est un instrument ; la conscience s'en sert pour se mettre en contact avec un monde autre que celui que nous nommons physique ; en évoluant il devient, dans un nouveau milieu, un instrument obéissant docilement aux impulsions de la conscience. Ce véhicule particulier est aujourd'hui en voie d'évolution et se trouve relativement développé dans les races les plus civilisées et chez les individus d'une haute culture. Il se perfectionne maintenant de plus en plus dans les nations qui occupent un niveau supérieur et, au fur et à mesure qu'il évolue, la conscience se trouve être en contact plus intime avec l'autre monde et rend l'homme susceptible de percevoir ce milieu, demeuré jusqu'alors invisible.

Les rêves prémonitoires sont simplement dus à ce que la conscience humaine fonctionne dans la matière subtile et dans un corps insuffisamment perfectionné dans lequel elle n'agit pas aussi librement que dans le corps physique qui, lui, est devenu de plus en plus parfait au cours des millions d'années spécialement consacrées à l'évolution physique.

Le perfectionnement de ce second véhicule peut être activé à l'aide d'une méditation intense et suivie. En méditant, ce corps crée ses organes aussi simplement, aussi naturellement, aussi logiquement que le corps physique a créé et développé successivement les organes qui lui sont particuliers.

Il n'y a rien là de surnaturel. Vous êtes tous sur le point d'arriver à ce niveau ; les impressions vagues et fugitives que vous recevez de temps à autre résultent du fait que ce corps astral est suffisamment évolué pour percevoir les vibrations de la matière subtile ; toutefois il n'est pas encore assez parfait pour agir délibérément sous le contrôle de la volonté.

Pas une nuit ne se passe sans que vous vous serviez de ce véhicule lorsque, pendant le sommeil, vous abandonnez le corps physique ; vous vous en servez constamment, la nuit comme le jour ; la nuit, comme instrument de la conscience dans un monde subtil, le jour, comme véhicule des désirs, désirs qui stimulent le corps physique à l'action, car cette enveloppe astrale est effectivement le corps des émotions et des désirs, d'où l'appellation de « corps du désir » qui lui a été donnée. C'est lui qui est séparé et chassé de l'enveloppe physique sous l'influence du chloroforme, de l'éther ou autres anesthésiques, laissant le corps inanimé et insensible ; c'est dans cette enveloppe que réside réellement la sensation et non dans l'instrument charnel qui ne ressent plus rien lorsque les anesthésiques en ont chassé la matière subtile qui, normalement, l'interpénètre. S'endormir, c'est tout simplement quitter le corps physique pour le corps astral exclusivement, absolument comme lorsqu'en rentrant chez vous, vous

vous débarrassez de votre manteau pour ne conserver que les autres vêtements.

Ce n'est donc pas seulement après la mort que vous faites usage de cette enveloppe astrale, mais vous vous en servez aussi dans cette vie d'ici-bas et j'insiste tout particulièrement sur ce point. Vous n'êtes pas, après la mort, un pur esprit dépouillé de tout véhicule ; vous êtes revêtu d'une enveloppe qui vous sera d'autant plus utile que vous serez devenu plus conscient pendant le sommeil. Plus vous aurez évolué ce corps, mieux vous saurez en faire usage, plus votre vie durant le sommeil deviendra aussi consciente que l'est votre existence à l'état de veille ; et, en vérité, le sommeil, c'est-à-dire la vie astrale, devient une vie beaucoup plus réelle que celle du monde physique. Le monde astral est au monde physique ce que sont les états gazeux aux états liquides et solides. Pour l'instant, les couleurs ne sont perçues que par les vibrations de l'éther, de la lumière, mais des quantités d'autres couleurs, de nuances plus délicates, vous seront devenues perceptibles lorsque votre enveloppe astrale sera complètement organisée ; vous vous trouverez dans un autre monde, beaucoup plus réel que le milieu physique, parce que le voile de matière qui, là, enrobe la conscience est beaucoup plus subtil et permet à cette conscience de prendre plus facilement contact avec l'ambiance.

Occupons-nous maintenant du troisième monde, le monde mental.

Nous vivons normalement, à l'état de veille, sur trois plans. Lorsque vous pensez, vous faites usage d'une matière beaucoup moins dense encore et que le professeur Kingdon Clifford appelle « substance mentale », substance dont les vibrations correspondent aux changements d'états de conscience et cela, aussi réellement que les vibrations de l'éther font percevoir la lumière. Vous vivez dans ce monde et l'instrument qui y correspond pour la conscience est encore, pour la majorité des hommes, beaucoup moins développé que ne l'est le corps astral. Mais au fur et à mesure que l'évolution se poursuit, ce véhicule se perfectionne graduellement, jusqu'au jour où il vous est possible de sortir hors des limites du plan astral pour être complètement conscient sur le plan mental. Ce dernier est appelé, en ce qui concerne les conditions *post mortem* : le monde céleste ; c'est le *Swarga* des Hindous.

Considérez cela, si vous le désirez, comme une hypothèse et réfléchissez-y. Voyez-vous comme vivant *constamment* dans ces trois mondes, physique, astral et mental ; pensez à ces trois corps dont je viens de parler, chacun d'eux étant relié au milieu dont il emprunte la matière, chacun d'eux étant destiné à servir d'instrument à la conscience qui, grâce à eux, peut agir sur chacun de ces trois plans. Ces trois véhicules, par l'évolution, atteindront la perfection ; à mesure que le corps physique se développe, le corps astral s'organise plus complètement ; de même pour le corps mental ; arrive enfin le moment où tous sont en contact direct avec les mondes auxquels ils se rattachent.

Vous pourrez constater que cette thèse éclaire quantité de phénomènes et notamment ceux sur lesquels se base la néo-psychologie ; non seulement les rêves s'expliquent, mais encore les phénomènes tels que la seconde vue, les prédictions, les visions, les voix prophétiques qui indiquent les événements futurs et aussi toutes les expériences d'ordre mystique. Tous ces faits rentrent dans les limites de la conscience, conscience plus ou moins complètement épanouie. Si une véritable psychologie doit être fondée en la basant sur les témoignages de la conscience, il est impossible pour le scientiste, ainsi que le fait observer William James, d'ignorer les phénomènes de la conscience dite religieuse. Trop longtemps la science a voulu les méconnaître. Si vous ne tenez nul compte du témoignage des mystiques, des expériences des prophètes et des saints, si, non content de mépriser ces êtres hautement développés, vous rejetez encore les expériences religieuses normales d'une personne ordinaire communiquant accidentellement avec un monde supérieur, soit par la pensée, soit par la méditation, vous pouvez alors rejeter indistinctement tous les témoignages de la conscience, quels qu'ils soient, car il est illogique de méconnaître les uns et d'accepter les autres. Mais si vous n'admettez pas les témoignages qui découlent des expériences mêmes de la conscience, il ne vous reste plus dès lors aucune base, aucun terrain sur lequel vous reposer, votre connaissance tout entière dépendant de l'expérience acquise par la conscience. La matière n'existe que par déduction ; votre propre existence est, pour vous, un fait et, de là, vous *déduisez* que d'autres êtres existent en raison de ce que vous vous sentez affectés, influencés ou non, par eux. Le témoignage de la conscience est le phénomène le plus important qui soit à considérer ; tout le reste ne consiste qu'en phénomènes secondaires. Si, de parti pris, vous persistez à vouloir ignorer les témoignages autres que ceux des sens, force vous est bien quand même d'enregistrer les perceptions transmises par les sens à la conscience et ce ne sont pas les sens qui enregistrent ; ils sont des transmetteurs pour la conscience qui perçoit.

Quel rapport cette théorie peut-elle avoir avec la mort, avec notre attitude en présence de la mort ?

Je vais ici employer, pendant quelques instants, des termes religieux. Pour les chrétiens, ces trois mondes sont : la terre, le monde intermédiaire ou purgatoire et le ciel ; pour les Hindous, ce sont : Bhurloka, Bhuvarloka et Svarga. D'un côté comme de l'autre, ces trois mondes sont identiques de part et d'autre, car toutes les religions enseignent les mêmes vérités ; en d'autres termes, ce sont la terre, le monde astral et le monde mental dans lesquels nous vivons, tout au moins en partie en ce qui concerne les deux derniers ; ils ne sont pas séparés, mais s'interpénètrent les uns les autres en sorte que, si vos trois corps sont organisés en conséquence, ces trois plans vous seront visibles ; vous vivrez constamment et simultanément dans ces trois corps et dans les plans correspondants dont vous verrez les habitants, avec lesquels vous pourrez communiquer, aussi facilement que vous le faites entre vous ici-bas. Mais une longue pratique et un travail laborieux sont nécessaires pour l'organisation de ces corps. Tous les hommes doivent après la mort habiter successivement les deux derniers mondes ; mais ils pensent souvent, à tort, qu'on ne peut y pénétrer qu'après la mort et que pendant la vie physique ils en sont complètement séparés, depuis surtout que les religions modernes ont creusé cet abime entre le monde terrestre et les deux autres. Il n'y a pas d'abime, les trois vies, les trois corps, les trois mondes s'enchevêtrent continuellement.

Quelques-uns d'entre vous croient que ceux qu'ils voient mourir sont tout à fait perdus pour eux ; cela n'est pas exact, ils vivent avec vous, ils sont conscients de votre présence, bien que vous ne le soyez pas de la leur, parce qu'ils sont conscients dans leur corps astral alors que vous ne l'êtes pas encore dans le vôtre ; mais ayant abandonné le corps physique à l'aide duquel il leur était possible de communiquer avec vous, ils ne peuvent attirer visiblement votre attention sur eux. Vous dites que ces amis sont perdus pour vous, mais vous n'êtes pas perdus pour eux : ils sont, dans leur corps du désir, conscients d'un monde subtil dans lequel vous vivez aussi, bien que vous n'en ayez pas souvenir. Vous êtes avec eux pendant le sommeil, car alors à ce moment vous avez écarté, vous aussi, le voile de chair pour le corps astral. À l'état de veille, vous ne prêtez guère attention à ce monde car toutes vos énergies sont dirigées vers l'extérieur ; mais vos amis ne vous quittent pas, ils sont toujours conscients de votre présence et si vous vouliez, ne fût-ce qu'un instant, détourner votre conscience du plan physique, vous pourriez, même à l'état de veille, vous mettre en rapport avec eux. Toutefois, lorsqu'ils passent dans le monde céleste, ces rapports deviennent moins possibles, car les vibrations de ce plan beaucoup plus subtil encore parviennent plus difficilement jusqu'à nous ; et cependant, si tous, vous mettiez en pratique ce que vos religions respectives vous recommandent de faire, si vous vouliez consacrer plus de temps à la prière et à la méditation (car toutes deux donnent les mêmes résultats, bien que la dernière soit plus purement mentale que l'autre) vous pourriez aussi vous mettre en communication avec le monde céleste. Alors vous seriez à même de voir que la mort ne doit plus être pour vous, non seulement un sujet de terreur, mais que tout le deuil dont on l'environne n'a plus sa raison d'être, que la vie est ininterrompue et que la mort ne peut séparer les êtres.

L'homme reste après son décès ce qu'il était auparavant ; il a les mêmes pensées, les mêmes sentiments, les mêmes désirs, les mêmes espoirs, les mêmes craintes. Il n'y a pas plus de différence entre une personne vivant ici sur terre et cette même personne après sa mort, qu'il n'y en a entre un homme qui a son manteau et ce même homme lorsqu'il le retire.

L'individu qui vient de mourir s'est dépouillé du vêtement qu'il portait sur le plan physique et, de ce fait, ne peut plus agir sur ce plan ; il est si bien le même individu qu'il a souvent de la peine à croire qu'il est réellement mort ; ce n'est qu'au bout d'un certain temps, quand il s'aperçoit qu'il ne peut plus agir sur les choses et sur les personnes du monde terrestre, qu'il parle sans obtenir de réponse, qu'il touche sans provoquer de sensation, qu'enfin il comprend qu'il a quitté ce monde. Il perçoit la matière subtile d'un objet, mais l'objet reste immobile lorsqu'il désire le bouger, contrairement à ce qui avait lieu auparavant. Nous avons rencontré bien souvent de ces personnes qui ne peuvent croire à leur mort, ni comprendre pourquoi leurs amis restent muets et sourds à leurs appels.

Le jour viendra où, tous, vous vous dépouillerez de vos corps physiques, vous entrerez dans ce nouveau monde où vos amis vous accueilleront et où vous serez conscients de leur présence. Mais quel sera alors votre état de conscience ? Il dépendra entièrement de la conduite que vous aurez eue ici-bas. Ce corps intermédiaire des désirs, des sentiments, des émotions est plus ou moins bien vitalisé selon la vie que vous y infusez régulièrement tous les jours pendant l'état de veille ; si vous vous êtes adonnés aux plaisirs sensuels, vous aurez vitalisé la matière grossière ; par contre, si vous avez été sensibles aux émotions élevées, si vous avez éprouvé l'amour de la famille, l'affection pour les amis, si vous avez cultivé des facultés artistiques, si vous avez pensé au bien de l'humanité, vous aurez alors vitalisé la matière subtile dont les vibrations correspondent à tous ces sentiments élevés.

Votre vie dans l'au-delà dépend donc des conditions d'être que vous vous créez actuellement. Si vos plaisirs ne consistent qu'à satisfaire le corps physique, à boire, à manger, etc., la mort alors sera vraiment un grand choc et une pénible épreuve, car tous ces désirs grossiers ne s'éteignent pas après la mort et vous souffrirez de ne pas pouvoir les assouvir. De cette vérité, émane l'idée de l'enfer présentée par les différentes religions ; vous ne pourrez satisfaire ces désirs, voilà ce qui vous attend et c'est là en vérité un enfer bien réel. Ces désirs ardents, ces convoitises que l'on ne peut satisfaire sont de véritables tortures pour celui qui en est victime. Les religions sont donc dans le vrai quand elles disent que si vous ne songez qu'aux plaisirs inférieurs du monde vous souffrirez dans l'au-delà. Oui, en effet, vous souffrirez, et il est bien que vous le sachiez, sans laisser de place à la sentimentalité à laquelle vous vous adonnez souvent en parlant de la miséricorde divine. La miséricorde divine ne peut vous empêcher d'être malheureux après la mort si votre conduite sur terre n'a pas été ce qu'elle aurait dû être, pas plus qu'elle ne peut vous empêcher de vous bruler si vous mettez votre main dans le feu. Les univers que Dieu a créés sont régis par les lois, et c'est dans le fonctionnement de ces lois immuables que réside la meilleure des miséricordes. Toutefois la souffrance n'est pas éternelle, ainsi que voudraient le faire croire les religions, et c'est là une nouvelle épouvante jetée dans l'humanité du fait que l'idée de réincarnation a été perdue. La souffrance ne dure que jusqu'au moment où la matière grossière se désagrège, ce qui se produit lorsqu'elle meurt, pour ainsi dire, d'inanition ; à ce moment vous avez compris la leçon et vous êtes libre ; par vos propres expériences, vous vous rendez compte de cette vérité que contient la Bhagavad Gita où il est dit que les sens peuvent être causes de douleurs. Le souvenir de cette grande et salutaire leçon s'imprime sur l'égo qui, plus tard, revient sur terre plus sage qu'auparavant.

Supposons cependant que vous vous soyez exercé durant votre existence physique à dompter les plaisirs sensuels, que vous ne subissiez plus leur influence, que vous sachiez y substituer des jouissances d'un ordre supérieur comme celle que procurent par exemple la musique, la peinture, la poésie... en un mot, tout ce qui éveille les plus hautes émotions ; il arrive que ces jouissances seront encore vôtres de l'autre côté de la mort [2]. Dans ce cas vous avez vitalisé des centres déterminés du corps astral dans lequel vous vivrez dans l'au-delà ; le séjour alors deviendra pour vous une source de bonheur ; de plus, il en résultera un passage plus rapide dans le monde céleste. Il en sera de même pour ceux que la science attire tout particulièrement ; celui qui vitalise dans le corps astral le centre correspondant à la science et servant d'intermédiaire entre le corps mental et le cerveau physique, celui dont la principale jouissance consiste en des expériences scientifiques dont le motif a *le bien* pour but, qui s'attache aux méthodes physiques de travail, celui-là emportera dans l'au-delà de riches matériaux. Clifford, Huxley, et un grand nombre d'hommes de science de cette valeur, essayent encore d'aider ici-bas leurs confrères en leur suggérant de nouvelles découvertes, des expériences fructueuses et, pour cela, ils infusent de leur force mentale dans les *corps mentals* correspondant à cette matière. Cette influence se produit spécialement dans les cas où il s'agit d'un homme ayant vécu de préférence dans le monde de l'intelligence et la chose a lieu fréquemment de la part de celui qui, pendant sa vie terrestre, n'a pas cru à la survie ; il demeure donc en contact avec le monde physique pour aider ceux qui restent et leur suggérer de nouvelles idées.

De même encore pour les politiciens, – je ne parle pas ici des gens de peu de valeur ne travaillant que pour leur profit personnel qui ambitionnent le pouvoir ou les hautes situations, mais de ceux qui aiment réellement leur patrie ; ces hommes restent généralement un temps assez long dans le monde astral pour aider ceux dont les travaux les intéressent et qui vivent encore. C'est ainsi par exemple que celui qui fut autrefois mon ami, Charles Bradlaugh, travaille beaucoup dans ce sens. Comme vous vous le rappelez sans doute, il ne croyait pas à la vie après la mort et, au moment de sa mort, il était bien persuadé que tout était fini pour lui ; le seul regret qu'il exprima fut de n'avoir pu parachever son œuvre. Cet homme au caractère si noble, attiré vers des idéals si élevés, d'un esprit de sacrifice particulièrement grand, trouve maintenant sa récompense dans le monde intermédiaire où il continue à prendre intérêt au bien de l'humanité et à aider ceux qu'il aimait. On le voit constamment s'efforçant d'inspirer aux hommes d'État et aux orateurs les grandes idées qui les dirigeront dans les voies les plus utiles. C'est ainsi qu'il peut continuer l'œuvre à laquelle il avait consacré sa vie, à laquelle il fut arraché trop tôt.

L'homme passe dans le troisième monde, le milieu céleste, quand il a brisé tous les liens qui le retenaient aux travaux terrestres. Ainsi que je viens de le dire, les hommes supérieurs dont je viens de parler passeraient très rapidement dans le monde céleste s'ils n'étaient pas aussi attachés aux œuvres d'ici-bas. Le ciel est la terre natale, le véritable lieu de naissance, la patrie de l'âme. Vous devez vous rappeler l'image que j'ai employée dans mes premières conférences, où je comparais le séjour sur la terre au vol de l'oiseau descendant des hautes sphères jusqu'à la surface de l'Océan pour remonter ensuite. Oui, le ciel est vraiment notre lieu de naissance et le port d'attache naturel de l'égo. Tous les égos doivent y entrer après le séjour dans le monde intermédiaire, pour y transmuer, en facultés morales et intellectuelles, toutes les expériences intellectuelles et morales faites sur terre. La vie dans le ciel est toute de bonheur, d'affection, d'amour désintéressé pour la famille, les amis, la patrie ; cet amour se déverse sur tous ceux que nous voulons aider ; c'est aussi la joie de voir se parachever l'œuvre intellectuelle entreprise, c'est la vue intérieure, le sentiment de l'esthétique élevé à son plus haut point et tout cela s'épanouit en facultés, en qualités que l'homme apportera avec lui dans sa prochaine incarnation. La vie céleste est une vie de croissance au cours de laquelle éclot ce que nous avons semé ici. Mais de la façon dont nous avons vécu sur le plan physique, dépendra notre ciel ; nous ne pouvons rien y faire qui n'ait été commencé ici-bas, et c'est en cela que nous sommes limités.

On ne peut introduire dans le ciel de nouvelles lignes d'activité. Le corps mental que vous employez étant le même, vous ne pouvez utiliser que la matière vitalisée par vous pendant la vie terrestre. La loi est la loi. Vous pouvez croître, vous développer et progresser dans le ciel, mais à la condition d'avoir commencé ici. De même qu'un champ non ensemencé ne portera pas de récolte, de même un corps mental dans lequel on n'a point jeté les semences de l'effort mental et moral ne peut donner cette fleur qu'est la joie ni les fruits que sont les facultés. Cependant, vous pouvez semer maintenant pour récolter plus tard ; c'est ce que fait le sage. Si par exemple, vous étudiez dès aujourd'hui, si vous contractez l'habitude de lire chaque jour quelque sujet qui en mérite la peine et vous oblige à réfléchir ; si vous vous arrêtez sur un livre dont vous lirez chaque jour une page, un livre sur lequel vous méditerez et dont le contenu peut ajouter quelque chose de plus à votre culture mentale, vous amassez dans le ciel des trésors qui vous y attendront ; dans le ciel, ni les vers ni la rouille ne rongent, nul ne peut y dérober vos trésors.

Telle sera la récolte de votre pensée, telle sera la récolte de votre amour. Plus vous répandrez d'amour ici-bas, plus vous développerez la faculté d'aimer dans le ciel et plus riche en amour reviendrez-vous sur la terre. Mais rappelez-vous bien que la vertu n'est point récompensée par les richesses et les plaisirs terrestres. La vertu obtient sa récompense par une amplification de vertu – chose que les gens oublient trop souvent. Semer ici l'amour signifie récolter dans le ciel une faculté plus grande d'aimer, faculté que l'égo rapportera avec lui comme caractéristique de son caractère quand il reviendra sur la terre.

Feu Lord Schaftesbury, durant sa vie, fut un homme de bien cherchant toujours à secourir les malheureux, à soulager la misère du pauvre. Quand il entra dans la Chambre des Communes, honneur dû à sa naissance, ce fut seulement dans le but d'alléger les souffrances du peuple, des femmes et des enfants travaillant dans les mines, des pauvres ouvriers esclaves des machines ; tous ceux-là furent protégés par la législation ouvrière dont il s'était fait l'un des plus chauds partisans. Quelles furent les causes qui poussèrent cet homme à ne s'occuper que des œuvres philanthropiques ? Pourquoi, riche et haut placé, s'intéressa-t-il si profondément à cette misérable classe sociale ? Pourquoi durant sa longue vie, chercha-t-il toujours à aider les plus malheureux ? Parce que la faculté d'aimer qu'il avait apportée s'était accrue de tous les petits services qu'il avait rendus dans le passé, et transformée dans le ciel en une grande aptitude pour servir et aider. Le monde terrestre est le lieu qui sert à construire, – c'est le monde de l'action ; c'est dans le ciel que les plans sont élaborés – c'est le monde de la pensée ; vous y emportez les matériaux récoltés dans votre vie passée ; ils ne vous quittent pas et vous revenez sur terre pour réaliser ce que vous avez conçu dans le ciel.

Vous vivez donc toujours dans trois mondes ; et ceux dans lesquels vous serez conscients après la mort sont ceux dans lesquels vous vivez, mais inconsciemment ; cependant, vous pouvez en devenir conscients si vous le désirez. Je ne dis pas que ce soit chose facile de développer cette conscience. Je vous induirais en erreur si je vous disais que vous pouvez effectuer ce travail sans de persistants et pénibles efforts. Mais cela est vrai pour toutes les branches de la science ; si vous me demandez par exemple si vous pouvez devenir un grand mathématicien, je vous répondrai qu'il vous faut d'abord posséder la faculté innée des mathématiques et ensuite vous livrer avec courage et ardeur à des études longues et difficiles ; à cette condition, vous deviendrez un mathématicien de premier ordre. Pour obtenir de grands succès dans la vie, il faut y venir avec une faculté innée, et avoir aussi le temps de s'y consacrer, car le développement d'une faculté demande un temps considérable ; c'est un travail de tous les instants nécessitant une volonté inébranlable et une grande persévérance.

Il en est de même pour le développement de la conscience. Si cette faculté existe en vous, et que vous puissiez y consacrer le temps suffisant et toute la persévérance dont vous êtes capable, vous réussirez alors là où d'autres ont réussi, c'est-à-dire que vous vivrez consciemment dans les trois mondes qui vous entourent.

Vivre en pleine conscience dans ces trois mondes, pensez à ce que cela implique ! Cela signifie que la mort n'a plus le pouvoir de séparer les cœurs ni les vies, qu'il n'y a plus séparation, mais une permanente union avec ceux que vous aimez. Et cela veut dire aussi que les contingences de cette vie ne doivent plus vous troubler, ni vous rendre malheureux, car vous vivez sur les trois plans dont la terre n'est que l'un d'eux. Si celle-ci ne répond pas à vos désirs, vous pouvez exercer vos activités dans les autres mondes d'où personne ne peut vous exclure, quelle que soit l'influence que l'on tente d'exercer sur vous ici-bas pour vous en empêcher. Cela implique aussi une vie riche, féconde, puisque votre royaume ne consiste plus en un seul monde mais en trois. Et cela est vrai pour chacun de nous ; le Christ, autrefois, n'a-t-il pas dit, en parlant des enfants, que « leurs anges voient sans cesse dans les cieux la face du Père qui est aux cieux ». Or, quel est l'ange de l'enfant ou de l'homme ? C'est le *Moi supérieur*, la conscience spirituelle ; et cette conscience spirituelle vit sans cesse dans les mondes célestes bien que le son de sa voix soit souvent étouffé par le tumulte du monde. Vous ne pouvez entendre les accords mélodieux de la *vîna* [3], ni les sons du plus doux des violons au milieu des bruits assourdissants des chars à bœufs et des tramways ; et ainsi en est-il de la voix si délicate de la conscience, cette mélodie exquise de l'âme, que les Hindous ont symbolisée par la flute de Shri Krishna dont le son attirait tous ceux qui l'entendaient. Il en jouait dans les prairies au milieu du murmure des eaux, dans la montagne et les avenues de la forêt où couraient les biches, où les bestiaux broutaient ; car ce n'est pas dans la foule que l'homme peut entendre la voix du *Moi intérieur* ; il doit d'abord la chercher dans le silence, là où les sons ne sont pas étouffés par les clameurs de la terre. Mais cependant, il est une autre chose, vraie aussi : quand vous aurez, une fois pour toutes, appris à entendre cette voix, vos oreilles ne lui seront jamais plus fermées ; elle résonnera pour vous au milieu même du tourbillon du monde. Pour cela, des efforts sont indispensables, efforts qui éveilleront les sens internes de l'ouïe et de la vision ; mais une fois ouverts, ils sont vôtres pour toujours…

Nos causeries se terminent aujourd'hui, et nous aurons appris que notre vie actuelle est grosse de merveilleuses possibilités ; que tous, nous développons un Esprit vivant dans des corps en évolution ; qu'en développant ses pouvoirs l'Esprit façonne en même temps les corps ; que la pensée, ce pouvoir créateur, est l'instrument avec lequel ce sculpteur qu'est l'âme, modèle son image, façonne ses véhicules.

Oh ! Si vous pouviez voir avec l'œil intérieur et non avec l'œil de chair ! Si vous pouviez faire, dans la vie spirituelle ce que le grand artiste, l'artiste de génie, peut faire ici-bas quand le puissant influx créateur, venant des sphères célestes, se répand dans son cerveau ! Demandez au musicien ! Il vous dira qu'il a entendu ses plus belles mélodies dans un autre monde que celui-ci, et qu'il ne peut reproduire qu'imparfaitement, par des notes, ce qu'il a entendu là, exprimé par de grandioses et sublimes accords autrement puissants que cette lente succession d'harmonies, pâle reflet sur le plan physique, de ce que le sens interne a perçu. C'est ce que disait Mozart quand il essayait de raconter ses merveilleuses expériences.

Demandez au sculpteur ce qu'il pense quand il a en face de lui le bloc de marbre brut et qu'il sent en lui la puissance de l'imagination créatrice ! Il vous dira que, dans ce bloc de marbre, il voit déjà le sujet, qu'il veut faire, tel qu'il sera, que le travail qui lui incombe est de tailler tout le marbre superflu qui cache aux yeux des hommes la Beauté qui y est renfermée.

Ô mes amis ! Tel est aussi l'œuvre du Dieu qui est en vous, de cet Artiste Immortel qui est la Beauté, Beauté cachée sous les formes du corps, mais invisible à l'homme dont la vue est moins aiguë que celle du voyant.

L'Esprit qui est en vous, c'est le sculpteur qui taille le marbre brut pour en dégager la statue qui est Lui-même, le Dieu intérieur ; il est l'artiste musicien qui entend les harmonies célestes et qui cherche à les chanter bien haut pour que tous puissent les entendre. Ce qu'il vous reste à faire, c'est de prendre en mains le marbre que représente

LES LOIS FONDAMENTALES DE LA THÉOSOPHIE

le *moi inférieur*, de briser, avec le ciseau de la volonté et le marteau de la pensée, toute la matière superflue qui, en vous, rend invisible le Beau, de faire briller dans toute sa gloire le Dieu qui est en vous afin qu'Il illumine le monde dans lequel vous vivez.

Vous êtes les enfants du ciel vivant sur terre ; vous êtes des dieux en potentialité et, le plus souvent, vous vivez comme des brutes. Vous n'êtes pas seulement des humains, vous êtes d'essence divine. Ne voulez-vous pas chercher à vous élever à la hauteur de vos splendides possibilités ? Vous êtes de naissance royale, fils de Roi ! Ne voulez-vous pas être rois, et réclamer les droits que vous confère votre naissance. Fils immortels de Roi ! Un trop grand nombre d'entre vous se conduisent, hélas ! Comme des balayeurs que les immondices de la terre préoccupent. Votre couronne brille au-dessus de vous, ne voulez-vous point la porter ? Votre trône vous attend, ne voulez-vous pas y monter et gouverner le royaume qui vous appartient ? Ne voulez-vous point user de votre droit de naissance et, levant les yeux vers le ciel, réclamer l'héritage qui est le vôtre ?

---

1. Au sujet des Races voir le journal *Le Théosophe* du 15 juillet 1910 (N.D.T.).
2. Lire l'important ouvrage : *L'autre côté de la mort*, par C.-W. Leadbeater (N.D.T.).
3. *Instrument à cordes hindou* (N.D.T.)

Copyright © 2023 by Alicia ÉDITIONS
Traduction par Gaston Revel, Théosophe (1880-1939)
Crédits : Alicia ÉDITIONS, www.canva.com
Wikimedia Commons - Images libres de droits : Portrait d'Annie Bessant, image restaurée.
https://commons.wikimedia.org/wiki/File:Annie_Besant,_LoC.jpg

www.ingramcontent.com/pod-product-compliance
Lightning Source LLC
LaVergne TN
LVHW021339080526
838202LV00004B/229